FACULTÉ DE DROIT DE PARIS

THÈSE

POUR

LE DOCTORAT

PAR

GASTON RAU

Lauréat de la Faculté de droit de Strasbourg
Avocat à la Cour d'appel de Paris

PARIS

IMPRIMERIE CUSSET ET Cie

26, RUE RACINE, PRÈS L'ODÉON

1872

DE LA LÉGITIME

EN DROIT ROMAIN

DE LA RÉSERVE ET DE LA QUOTITÉ DISPONIBLE

EN DROIT FRANÇAIS

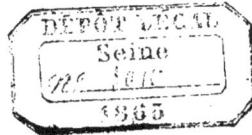

THÈSE

POUR LE DOCTORAT

SOUTENUE

PAR HENRI MARTINI

Né à Dresde (Saxe)

Le Mercredi 26 avril 1865, à 2 heures

20¾

En présence de M. l'Inspecteur général Ch. GIRAUD.

Président : M. RATAUD, professeur.

Suffragants :
{ MM. COLMET-DAAGE,
DUVERGER,
DEMANTE, } professeurs.
GIDE, } suppléant.

PARIS

IMPRIMERIE DE JOUAUST

RUE SAINT-HONORÉ, 338

1865

30666

C.

A MON PÈRE, A MA MÈRE.

INTRODUCTION

La propriété est le droit le plus absolu que nous puissions avoir sur une chose.

Les droits élémentaires qui constituent la propriété ont été ramenés par les jurisconsultes romains à trois droits principaux : le droit d'usage, qui est le droit d'employer la chose à un usage qui puisse se renouveler, *jus utendi* ; le droit de jouissance, qui est le droit de recueillir tous les fruits ou produits de la chose, *jus fruendi* ; le droit de libre disposition, qui est le droit non-seulement d'agir physiquement sur la chose, de la changer de forme, de la détruire, mais encore d'en disposer juridiquement en l'aliénant en tout ou en partie, *jus abutendi*. Toutes les législations ont sanctionné et protégé le droit de propriété comme une des bases essentielles d'une société organisée. — Mais à côté de ce droit si absolu et si nécessaire, et quelquefois en conflit avec lui, il existe d'autres droits non moins vénérables, et dont le maintien est également indispensable à l'ordre social. C'est ce qui fait que la définition du droit de propriété ne saurait être complète sans une restriction, que les jurisconsultes romains exprimaient par les mots : *quatenus juris ratio patitur*, et que le Code Napoléon a admise par la fin de l'art. 544 : « pourvu qu'on n'en fasse pas un usage « prohibé par la loi ou par les règlements. »

1

Les liens du sang donnent lieu à un ensemble de devoirs que les Romains appelaient *officium pietatis*, un devoir de piété qui lie réciproquement les ascendants et les descendants. C'est ce devoir de piété qui peut se trouver en opposition avec un des attributs de la propriété, le droit de donner et de tester, et c'est ici que le législateur a dû apporter une restriction à la liberté, dans l'intérêt de la famille et de l'ordre public. En effet, il n'était pas possible de tolérer qu'un père épuisât sa fortune en libéralités à des étrangers, tandis que ses enfants se trouvaient à sa mort sans aucune ressource; d'un autre côté, le devoir de la reconnaissance imposait au fils l'obligation de ne pas disposer de sa fortune entière, en oubliant ceux auxquels il devait le bienfait de la vie.

Ce sont ces motifs qui ont fait naître ces limites à la faculté de donner, que les Romains nommaient la légitime et que le droit français a appelé la réserve. Nous étudierons d'abord les dispositions des lois romaines au sujet de la légitime, et, après avoir examiné la législation des coutumes françaises sur la réserve, nous entrerons dans l'explication du chapitre que le Code Napoléon a consacré à la portion disponible et à la réduction des legs et donations.

DROIT ROMAIN

DE LA LÉGITIME.

Un des caractères les plus frappants du droit romain consiste dans les rapports du citoyen romain avec ses enfants. La puissance du père sur les *filii familias* ou *filiæ familias* n'existait chez aucun peuple au même degré que chez les Romains, surtout au temps de l'ancien droit civil (1). Cependant la *patria potestas* n'eut jamais la nature du droit de propriété, le fils de de famille n'étant pas considéré comme une chose ; mais elle était, dans l'origine, très-rigoureuse, et ressemblait à la *dominica potestas*, enlevant au fils de famille toute indépendance personnelle. Le père de famille avait le droit de vie et de mort sur le fils ; il avait le droit de le vendre, le *jus noxæ dandi*, le droit de le marier, de le faire divorcer, de le donner en adoption, de l'émanciper. Le fils de famille, dans la rigueur de l'ancien droit, était incapable d'avoir des biens qui lui appartinssent, tout ce qu'il acquérait tombait directement dans le patrimoine de son ascendant.

De cette puissance presque illimitée que le père de famille exerce sur ses descendants découle le principe de liberté absolue inscrit dans la loi des Douze Tables : *Uti legassit super pecunia tutelave suæ rei, ita jus esto.* Il était donc loisible à tout

(1) Inst., I, 9, § 2.

citoyen *pater familias* et pubère de se nommer à lui-même son futur héritier et d'exclure par là l'ordre légal de succession ; le père pouvait enlever à ses enfants la totalité de sa fortune par des libéralités faites à des étrangers.

Les mœurs, devenant plus humaines, ne pouvaient manquer d'apporter quelques modifications à la dureté de cette législation, et les prudents, aidés par le préteur, introduisirent peu à peu différentes restrictions au droit de libre disposition que la loi des Douze Tables avait accordé au citoyen romain. La première de ces restrictions imposées au père de famille fut le devoir rigoureux de mentionner ses *heredes sui* dans le testament, soit en les instituant, soit en les exhérédant formellement, avant de pouvoir faire passer ses biens à un étranger. Cette obligation d'instituer ou d'exhéréder ses héritiers naturels n'était qu'une formalité de plus ajoutée à la confection du testament ; mais le droit de disposer même restait intact ; les enfants pouvaient être dépouillés par un testament régulièrement fait ; les ascendants et les frères et sœurs n'étaient même pas protégés par cette nouvelle formalité.

Il était donc nécessaire de chercher un moyen par lequel on donnât aux personnes de la famille un droit positif, droit opposable au père de famille. C'est dans ce but que l'usage et les prudents introduisirent la *querela inofficiosi testamenti*, c'est-à-dire une action par laquelle les enfants, les ascendants, et dans certains cas les frères et sœurs exhérédés, faisaient annuler le testament de leur auteur et venaient ainsi recueillir son hérédité *ab intestat*. Le prétexte de cette action était que toute personne qui sans justes motifs avait exhérédé ses proches ne pouvait pas avoir été saine d'esprit, pour ne pas s'être conformée à l'*officium pietatis* : « *hoc colore quasi non sanæ mentis fuerint quum testamentum ordinarent* (1). »

(1) L. 2, D., De inoff. test., V, 2 ; Inst., lib. II, tit. 18, pr.

La *querela inofficiosi testamenti* ainsi organisée était une exagération en sens inverse ; il fallait, tout en protégeant les enfants contre des libéralités extravagantes, laisser au *pater familias* la liberté de disposer à titre gratuit dans une certaine mesure, et ne pas renverser en entier les dernières volontés du testateur. Ce sont ces raisons qui donnèrent lieu à une nouvelle théorie, celle de la légitime due aux enfants, aux ascendants, ou aux frères et sœurs, dans leur rang d'hérédité *ab intestat.* Une action fut accordée à l'enfant, à l'ascendant, au frère ou à la sœur, qui n'avait pas reçu par le testament le quart de ce qui lui serait revenu dans le cas où le testateur serait mort sans testament. L'imperfection de ce système, qui n'apportait aucune entrave aux libéralités entre vifs, au moyen desquelles le père de famille pouvait disposer de tout son patrimoine, fut corrigée par l'extension que donnèrent les empereurs à la plainte d'inofficiosité. Par leurs constitutions ils introduisirent la *querela* contre les donations entre vifs et contre les constitutions de dot.

Après avoir étudié la théorie de l'exhérédation des héritiers siens, nous aborderons la matière de l'inofficiosité et de la portion légitime.

§ 1

Nous avons vu que la loi des Douze Tables avait donné aux citoyens romains le droit de disposer de leur hérédité avec une liberté entière ; mais que l'interprétation des prudents avait introduit, pour le testateur, l'obligation d'instituer ou d'exhéréder ses héritiers siens. La raison de cette nécessité était que la jurisprudence romaine considérait les personnes placées sous la puissance d'un chef de famille comme formant avec lui un seul et même être collectif quant à la propriété. Par conséquent la mort du père ne faisait rien acquérir à ses enfants : en recueillant les biens qu'il laissait à son décès, les fils de famille se succèdent en quelque sorte à eux-mêmes. Cette idée de copropriété établie par les jurisconsultes a fait naître une objection : si les enfants sont véritablement propriétaires, le père de famille ne doit pas même avoir le droit de les exhéréder ! La réponse à cette objection se trouve dans la manière dont était constituée la puissance paternelle chez les Romains : le chef de famille avait des pouvoirs très-étendus, il pouvait autrefois prononcer la peine de mort contre ses enfants ; à plus forte raison devait-il pouvoir leur enlever le droit à son hérédité (1).

La nécessité d'exhéréder ou d'instituer comprend tous les enfants qui sont sous la puissance du testateur. Ce sont : les enfants nés *ex justis nupiis* du testateur et de sa femme, les petits-enfants et descendants d'un fils sous la puissance du testateur, les enfants qui sont entrés dans la famille par adoption ou adrogation, la femme qui était *in manu*, car dans cette condition « *locum filiæ obtinebat* » (2).

Le défaut de mention d'un de ces héritiers produisait des effets divers d'après le lien qui les rattachait au testateur. La prétérition du fils de famille rendait le testament *injustum*, c'est-à-dire qu'il était nul *ab initio*. Ce point avait été controversé entre les Sabiniens et les Proculéiens ; les Proculéiens pensaient que, si le fils de famille, avant la mort du père, venait à ne plus exister dans la famille, l'hérédité pouvait être acquise en vertu du testament (3). Ce fut l'opinion des Sabiniens qui prévalut. Ulpien Paul et les Institutes la rapportent sans y mettre aucun doute (4). Le fils de famille fait prisonnier par les en-

---

(1) L. 11, D., De liber. et post. (XXXVIII, 2).
(2) Gaius, Comm., I, § 111.
(3) Gaius, Comm., II, § 123.
(4) Ulp. reg., XXII, § 16.

nemis et rentrant à Rome annulait *jure postliminii* le testament fait pendant sa captivité, et dans lequel il n'avait été ni institué ni exhérédé.

L'exhérédation du fils de famille devait être faite nommément : *Filius meus exheres esto*, ou par l'indication de l'âge, des études, du métier; toute expression désignant clairement la personne qu'on avait en vue suffisait pour l'exhérédation nominative.

L'omission d'un descendant autre que le fils n'annulait pas le testament du chef de famille. Les héritiers de cette qualité avaient alors le droit de venir se joindre aux héritiers institués; ils prenaient en concours avec eux une part, qui variait selon que les institués étaient héritiers siens ou externes. Dans le premier cas, les filles ou descendants omis viennent accroître le nombre des héritiers *in partem virilem*; dans le second cas, ils prennent la moitié de l'hérédité. Lorsque le père de famille a institué à la fois des héritiers siens et des étrangers, on suit les mêmes règles (1). Outre le droit d'accroissement, le préteur donnait à tous les descendants omis la *bonorum possessio contra tabulas*. Un rescrit de l'empereur Antonin le Pieux ordonna que les femmes n'eussent pas plus par la *bonorum possessio* du préteur qu'elles n'auraient eu par le *jus adcrescendi* (2). L'exhérédation d'une fille ou d'un descendant par les mâles se faisait collectivement, c'est-à-dire qu'on comprenait toutes ces personnes dans une exhérédation générale : *Ceteri ceterœque exheredes sunto*.

La différence entre le fils de famille et les autres personnes soumises au même *pater familias* avait pour motif que la sujétion à la puissance paternelle était, chez les Romains, considérée comme bien plus grande dans le fils que dans les

(1) Pauli Sentent., lib. III, tit. IV, § 8.
(2) Gaius, Comm., II, §§ 125 et 126.

autres membres de la famille : c'est ainsi que pour l'émancipation d'un fils trois mancipations étaient nécessaires, tandis
qu'une seule suffisait pour une fille ou un petit-fils.

Le fils pouvait être institué sous une condition ; mais, pour
que le testament restât valable au cas où la condition ne serait
pas accomplie, il fallait qu'il fût exhérédé sous la condition
contraire ; pour les autres héritiers, quand la condition sous
laquelle ils étaient institués venait à défaillir, ils avaient le droit
d'accroissement (1). La mère et les ascendants maternels
avaient le droit d'exhéréder leurs enfants et petits-enfants par
leur seul silence, qui équivalait à l'exhérédation formelle
imposée au *pater familias* par le droit civil (2) ; par exception
aux principes applicables au *pater familias*, le citoyen romain
testant à la guerre pouvait passer sous silence ses enfants sans
que son testament devînt *injustum* ; mais, si le testateur avait
ignoré l'existence de ses héritiers, son testament était nul de
de plein droit. La protection que la loi romaine accordait aux
héritiers siens, en forçant le père de famille à les mentionner
dans son testament, s'étendait même à des héritiers qui
n'étaient que conçus au moment du décès du testateur: ce sont
les posthumes. Le testateur doit les instituer ou les exhéréder ;
en cas d'omission, la naissance du posthume rompra le testament. Cependant l'effet produit par l'omission du posthume
n'était pas identiquement le même que celui produit par l'omission d'un fils de famille : dans le premier cas, le testament
rompu aura annulé tout testament antérieur, tandis que le
testament *injustum* pour défaut de mention du fils, étant regardé
comme inexistant, laisse subsister un testament antérieur.
S'il arrive que la femme, dont on espérait qu'il naîtrait un
posthume, *abortum fecerit*, les héritiers institués recueilleront

(1) L. 6, § 1, D., De hered. inst. (XXVIII, 5).
(2) Instit., II, XIII, § 7.

sans obstacle l'hérédité (1) ; le prédécès d'un fils omis, au contraire, ne peut donner au testament du chef de famille une validité qui lui manquait au moment de la confection.

Le mode d'exhérédation différait pour les posthumes du sexe masculin et pour ceux du sexe féminin : les premiers devaient être exhérédés *nominatim*, pour les seconds l'exhérédation collective suffisait, pourvu que le testateur eût prouvé d'une manière quelconque, par exemple en lui laissant un legs, que l'enfant posthume avait été présente à son esprit. Toutes ces règles avaient été inventées pour les posthumes proprement dits, *postumi sui*, c'est-à-dire aux héritiers siens nés après la mort du testateur; mais la jusrisprudeuce avait peu à peu assimilé aux posthumes siens un grand nombre de posthumes étrangers et de quasi-posthumes, qui prenaient leur nom tantôt du jurisconsulte qui les avait introduits, comme le posthume Aquilien ou le posthume Julien ; tantôt de la loi qui les avait admis, comme les quasi-posthumes Velléiens. Toutes ces extensions données par l'usage et par les jurisconsultes à la théorie de l'exhérédation n'étaient plus une restriction apportée à la liberté du *paterfamilias* en faveur des enfants ; c'était un moyen offert au testateur pour rendre aussi peu nombreuses que possible les chances de mourir *intestat* par suite de la rupture de son testament.

Nous avons à nous occuper maintenant de ce que le préteur avait fait pour les enfants qui n'étaient plus sous la puissance du père de famille. Le droit civil, ne reconnaissant plus aucun lien entre les enfants émancipés et le *paterfamilias*, laisse à celui-ci pleine liberté de les omettre; le préteur intervient, et, ayant égard seulement aux liens du sang, donne aux enfants émancipés le même rang qu'aux héritiers siens dans la succession

(1) L. 2 et l. 3, C., De post. hered. inst. vel exhered (VI, 27); L. 129, D., De V. S. (L. 16); L. 12, pr , § 1er, D., De liber. et post. (XXVIII, 2).

ab intestat, en accordant aux uns comme aux autres la *bonorum possessio unde liberi* (1). De plus, et pour faire respecter le droit de possession de biens *ab intestat*, il leur donne la *bono-rum possessio contra tabulas testamenti*, pour faire considérer cet acte comme non avenu. Le père de famille est donc forcé, pour éviter l'effet de la *bonorum possessio contra tabulas*, de considérer ses enfants émancipés comme s'ils étaient encore sous sa puissance, et de les instituer ou de les exhéréder, les mâles nominativement, et ceux du sexe féminin *inter ceteros* (2)?

Ce n'était pas aux enfants émancipés seuls que s'étendait le secours du préteur, il protégeait également tous les enfants qui auraient été héritiers siens d'après le droit naturel, mais que la rigueur du droit civil empêchait de prétendre à ce titre, parce que, par suite d'une *capitis diminutio* subie soit par eux, soit par leurs ascendants, ils ne faisaient plus partie de la même famille civile ; ainsi la *bonorum possessio* était accordée dans des cas où il n'y avait jamais eu *patria potestas :* par exemple, les petit-enfants que l'aïeul a gardés sous sa puissance en émancipant leur père, ou ceux qu'il a émancipés en gardant sous sa puissance son fils, obtiendront la *bonorum possessio contra tabulas*, si leur père les a omis dans son testament (3).

La législation prétorienne n'accordait pas sa protection à l'enfant pour lequel le lien de la puissance paternelle n'avait été rompu que pour le faire entrer dans une famille adoptive. L'adopté, acquérant dans sa nouvelle famille tous les droits que la loi civile accordait à un enfant, n'avait plus besoin du secours du préteur ; tant que l'adoption subsiste, le droit civil comme le préteur considèrent l'enfant adoptif comme étranger à son

(1) Instit., lib. III, tit. I, § 9.

(2) Gaius, Comm., II, § 135 ; Instit., II, tit. xiii, § 3.

(3) L. 6, § 2 ; l. 7 et 21, pr.; D., De bon. poss. contr. tab. (XXXVII, 4) ; L. 5, § 1, D., Si tab. test. nullæ ext. (XXXVIII, 6.)

père naturel, qui peut disposer de son hérédité sans instituer ni exhéréder cet enfant. Mais si le fils est renvoyé de la famille adoptive par l'émancipation, alors, d'après le droit civil, il n'a plus de droit dans aucune famille; c'est à ce moment que le droit prétorien vient à son secours et lui donne dans la succession *ab intestat* de son père naturel la *bonorum possessio unde liberi*, et la *bonorum possessio contra tabulas* en cas d'omission dans le testament (1).

Ce que nous venons d'expliquer constitue la législation qui régissait le droit de disposition antérieurement à Justinien. Sous cet empereur, la législation sur les successions en général fut grandement changée, et de nombreuses modifications furent apportées en particulier à la matière qui nous occupe. Justinien protége les droits des enfants, et à cet effet il veut que tous, tant fils que filles ou descendants par les mâles, tant enfants déjà nés qu'enfants seulement conçus, soient exhérédés nominativement, s'ils ne sont pas institués héritiers (2). L'omission aura dans tous les cas l'effet d'infirmer le testament en totalité; si l'enfant omis est existant au moment du testament, il y a nullité dès le principe; dans le cas de prétérition de posthumes ou de ceux qui leur sont assimilés, il y a rupture subséquente.

Quant aux enfants adoptifs, Justinien introduit un droit nouveau; il établit une distinction entre le cas où l'enfant est adopté par un étranger (par étranger on entend quelqu'un qui n'est pas ascendant) et le cas où l'adoption était faite par un ascendant. Dans le premier cas, l'adopté ne passe pas sous la puissance de l'adoptant, sur la succession duquel il n'acquiert qu'un droit *ab intestat*; il reste dans sa famille naturelle et n'y perd aucun de ses avantages; cependant les anciens effets de l'adoption sont maintenus, même quand l'adoptant est étranger,

(1) Instit., lib. III, tit. I, § 10; L. 6, § 1, D., De bon. poss. contr. tab. (XXXVII, 4).

(2) L. 4, C., De liber. præt. (VI, 28).

si l'adopté est un petit-fils ou une petite-fille dont le père est encore sous la puissance de leur aïeul (1). Quand l'adoption est faite par un ascendant naturel de l'adopté, elle produit le même effet que dans l'ancien droit civil : la puissance paternelle avec tous ses droits et tous ses devoirs passe à celui qui reçoit en adoption.

II

L'obligation d'instituer ou d'exhéréder les *sui* et les *eman-cipati* était une restriction bien insuffisante de la liberté absolue du père de famille, qui n'était nullement contraint par là à laisser une partie de son patrimoine à ces personnes.

L'usage et l'interprétation des jurisconsultes introduisit peu à peu, pour certains proches parents, le droit d'attaquer et de faire rescinder les testaments dans lesquels le testateur a exhé-rédé ou omis les personnes auxquelles l'*officium pietatis* lui faisait un devoir de laisser une partie de sa fortune ; c'est là ce qu'on appelle la *querela inofficiosi testamenti*.

Cujas a attribué l'origine de cette action à une certaine loi *Glitia*, dont le nom ne nous est connu que par la rubrique d'une loi du Digeste. Nul ne sait de quoi s'occupait cette loi *Glitia* que Gaius avait commentée, elle ne se trouve nulle part. C'est précisément d'où Cujas a tiré la conséquence que c'est cette loi qui donna naissance à la *querela inofficiosi testamenti* (2). La généralité des interprètes s'accordent à rejeter cette opinion et à donner pour source à la *querela* non pas une loi expresse, mais le travail progressif d'une jurisprudence tendant dé plus en plus à restreindre le pouvoir illimité du père de famille. Il est impossible d'indiquer d'une manière précise l'époque à laquelle fut introduite la *querela inofficiosi testamenti* ; elle existait déjà

(1) L. 10, C., De adopt. (VIII, 48).
(2) Obs., lib. II, cap. XXI.

vers le V⁰ ou le VI⁰ siècle : Cicéron en parle dans ses harangues contre Verrès (1).

Voyons maintenant quelle était la nature de la *querela inofficiosi testamenti*. Nous pourrions la définir : une espèce particulière de pétition d'hérédité par laquelle les proches parents revendiquent contre l'héritier institué les biens laissés par le défunt, et demandent une réparation publique et solennelle de l'injure qu'a faite à leur honneur l'exclusion imméritée dont le testament les a frappés. La première partie de notre définition est confirmée par de nombreux textes : Ulpien nous dit à propos de la *querela* : *Non totam hereditatem debeo, sed dimidiam petere* (2). Scævola l'appelle *hereditatis petitio* (3). Sans multiplier ces exemples, qui ne peuvent laisser aucun doute sur la nature de la *querela*, nous citerons encore un passage de Paul : « *Evicta hereditate per inofficiosi querelam ab eo qui heres institutus esset, perinde omnia observari oportere ac si hereditas adita non fuisset* » (4), qui nous prouve que ce jurisconsulte regardait la restitution des biens héréditaires à l'héritier du sang comme une conséquence immédiate de l'action d'inofficiosité.

Pour la justification de la seconde partie de notre définition, nous trouvons dans la *querela* certains principes particuliers qui ne pourraient s'appliquer à la pétition d'hérédité ordinaire. Si un fils de famille a été omis par sa mère ou son aïeul maternel, une injure est faite à ce fils, qui pourra former plainte, même contre la volonté du père, qui de son côté ne pourra intenter l'action contre la volonté de son fils, ni la continuer après sa mort (5). La *querela* ne passe pas aux héritiers du légitimaire,

---

(1) In Verrem, II, 42.
(2) L. 8, § 8, D., De inoff. test. (V, 2).
(3) L. 20, D., De inoff. test. (V, 2).
(4) L. 21, § 1, D., De inoff. test. (V, 2).
(5) L. 8, pr., D., De inoff. test. (V. 2).

à moins que celui-ci n'ait intenté l'action ou au moins manifesté l'intention de l'intenter ; elle s'éteint par la renonciation
tacite de la personne offensée ; elle s'éteint également par toute
approbation, directe ou indirecte, donnée au testament atta-
quable

La *querela inofficiosi testamenti* était portée devant les centumvirs, comme toutes les autres actions en pétition d'hérédité.
La date chronologique de la création des centumvirs est incer-
taine ; tout ce que nous en savons, c'est que ce tribunal fut
créé à une époque fort ancienne, et qu'il se maintint jusqu'à
l'abolition de l'*ordo judiciorum* sous Dioclétien. La compétence
des centumvirs en matière d'inofficiosité n'était pas exclusive,
des textes d'Ulpien et de Paul nous apprennent qu'il était permis aux parties de se faire renvoyer devant l'*unus judex* (1).

Les décisions rendues sur une plainte d'inofficiosité étaient
susceptibles d'appel. Ulpien nous dit : « *Eisdem permissum est
etiam appellare si contra testamentum pronuntiatum fuerit.* » (2)
L'appel des jugements du tribunal centumviral était probablement porté directement devant l'empereur ; si l'affaire avait été
décidée par un *judex*, c'était devant le magistrat qui avait
délivré la formule que devait être porté l'appel.

Les testaments militaires ne peuvent être attaqués par la
plainte d'inofficiosité ; mais ces testaments n'étaient valables
que si le testateur mourait à l'armée ou dans l'année qui suivait
sa sortie du service ; cette année expirée, le militaire est assimilé
à tout autre citoyen (3). Il existait encore un privilége pour
le fils de famille vétéran : son testament, fait dans la forme ordinaire sur son pécule castrans, ne peut être attaqué pour inofficiosité (4). Justinien étendit cette faveur au testament qu'il

(1) L. 8, § 16, et l. 17, § 1, D., De inoff. test. (V, 1).
(2) L. 29, D., De inoff. test. (V, 2); L. 5, § 1, et l. 14, pr., D., De
appel. et relat. (XLIX, 1).
(3) L. 8, § 2, D., De inoff. test. (V, 2).
(4) L. 24, C., De inoff. test. (III, 28).

avait autorisé le fils de famille à faire sur le pécule quasi castrans (1). Le testament fait par le *pater familias* pour son fils impubère, dans le cas où celui-ci viendrait à mourir avant d'avoir atteint l'âge voulu pour pouvoir faire un testament, ne pouvait être attaqué par la *querela inofficiosi testamenti;* mais, dans le cas où le testament du père est cassé, la substitution pupillaire, qui n'en était que *pars et sequela*, tombait en même temps ; si le testament du père n'était rescindé que pour partie, la substitution pupillaire restait valable pour le tout (2).

Quelles personnes étaient admises à intenter la *querela inofficiosi testamenti?* Cette action, ayant principalement pour but de faire passer l'hérédité à ceux qui ont le droit de venir à la succession *ab intestat*, soit d'après le droit civil, soit d'après le droit prétorien, n'était accordée qu'aux descendants, aux ascendants et aux frères et sœurs, mais dans certains cas seulement.

La plainte d'inofficiosité appartiendra donc d'abord aux descendants, sans distinguer s'ils sont appelés par le droit civil, par le droit prétorien ou par les constitutions impériales. A l'égard du père, tous les enfants ont le droit d'attaquer le testament s'ils sont exhérédés, peu importe qu'ils aient été sous puissance ou émancipés. Les posthumes exhérédés peuvent intenter l'action d'inofficiosité ; leur réussite ne saurait être douteuse, car, n'étant nés qu'après la mort du testateur, ils n'ont pu lui donner aucun motif de les exhéréder. Une difficulté s'est élevée à l'égard du posthume externe : le droit civil ne permettait pas de l'instituer, et si on lui accorde le droit d'attaquer le testament pour inofficiosité, on semble lui permettre en même temps de reprocher à son ascendant de ne pas être mort *in-*

---

(1) Instit., lib. II, tit. xi, § 6 ; L. 12, C., Qui test. fac. pot. (VI, 11) ; L. 37, § 1, C., De inoff. test. (III, 28.)

(2) L. 8, § 5, D., De inoff. tert. (V, 2).

testat, ce qui reviendrait à enlever à cet ascendant la faction de testament. Ulpien nous donne la solution de cette question (1). Le droit prétorien validait l'institution du posthume externe et l'envoyait en possession avant sa naissance, et lui donnait après sa naissance la *bonorum possessio secundum tabulas.*

Quant aux enfants adoptifs, nous connaissons la distinction établie par Justinien entre les enfants adoptés par un *extraneus* et les enfants adoptés par un ascendant. Nous savons que les premiers n'acquièrent plus sur la succession de l'adoptant qu'un droit de succession *ab intestat ;* la plainte d'inofficiosité ne peut jamais leur appartenir.

A l'égard de la mère, les enfants n'avaient, dans l'ancien droit civil, la plainte d'inofficiosité que dans le cas où la mère s'était trouvée *in manu mariti,* car alors elle devenait leur sœur agnate (2) ; à défaut de la *manus,* cependant, les enfants auraient encore pu arriver à la succession de leur mère par la *bonorum possessio unde cognati,* dans le cas où elle n'avait aucun agnat. Le sénatusconsulte Orphitien vint changer cet état de choses et accorda à tous les enfants des droits légitimes à la succession de leur mère, et par là leur donna le droit de recourir à la plainte d'inofficiosité, en cas d'omission.

La *querela inofficiosi testamenti* appartient à l'ascendant contre le testament de son enfant (3). Les ascendants ne sont admis à se plaindre qu'autant qu'ils ont droit à la succession *ab intestat ;* il est nécessaire de supposer le descendant *sui juris,* autrement il n'aurait pu faire un testament, si ce n'est sur son pécule castrans ou quasi-castrans, et dans ce cas la *querela* n'était pas possible.

Le droit qu'avait le père d'attaquer le testament de son fils

(1) L. 6, D., De ventre in poss. mitt. (XXVII, 9) ; Instit., lib. II, tit. xx, § 28, et lib. III, tit. ix, pr.

(2) Gaius, Comm., I, 111.

(3) L. 15, pr., D., De inoff. test. (V, 1).

pour inofficiosité pouvait se rencontrer avec une *bonorum possessio contra tabulas*, que le préteur avait accordée au patron omis dans le testament de son affranchi, et qui appartenait à l'ascendant émancipateur *contracta fiducia* en sa qualité de patron. L'émancipation d'un fils de famille avait lieu par trois mancipations successives, suivies de trois affranchissements ; après le troisième affranchissement, le fils de famille est *sui juris*, mais l'acheteur est considéré comme son patron, et, comme tel, est appelé à sa succession *ab intestat* immédiatement après les héritiers siens. Le préteur avait appelé de préférence à ce *manumissor extraneus* dix membres de la famille de l'émancipé (*bonorum possessio unde decem personæ*).

Pour prendre la place de manumisseur étranger, l'ascendant émancipateur avait recours à une clause, nommée la clause de fiducie, par laquelle le *manumissor* s'oblige à remanciper le fils à l'ascendant après la troisième mancipation ; une seule mancipation étant nécessaire pour faire sortir de la puissance paternelle les filles ou les petits-fils, on y ajoutait la clause de fiducie, lorsque l'émancipateur veut devenir patron de l'émancipé. Par la *bonorum possessio contra tabulas* accordée au patron omis, l'ascendant émancipateur avait le droit de réclamer une partie de l'hérédité de l'émancipé ; la moitié d'après le droit prétorien, le tiers d'après Justinien, si la succession est de plus de cent sous d'or (1) ; ce droit semblerait exclure l'ascendant émancipateur de la *querela*, car en vertu d'un principe que nous verrons bientôt, cette action n'est accordée qu'à ceux qui n'ont aucun autre moyen de se procurer le quart de la portion qu'ils auraient eue *ab intestat*. Mais Ulpien nous donne la raison de ce cumul de droits (2) : l'ascendant a la *querela* comme père, et la *bonorum possessio* comme patron ; l'une de ces qualités ne nuit pas à l'autre.

(1) Gaius, Comm., III, § 41. Instit., lib. III, tit. VII, § 3.
(2) D., Si a parent. qui manum. (XXXVII, 12).

Le père naturel de l'enfant adoptif peut intenter la *querela* contre le testament fait par son fils sorti de la puissance de l'adoptant, mais à la condition qu'il soit appelé à la succession *ab intestat*, ce qui n'arrive que rarement (1); lorsque le fils est devenu *sui juris* par suite de son élévation à certaines dignités, ou par la mort, la grande ou la moyenne *capitis diminutio* de l'adoptant, le père sera primé dans la succession *ab intestat* par tous les agnats que le fils a trouvés dans sa nouvelle famille, et ne vient que par la *bonorum possessio unde cognati*. Si le fils est émancipé par l'adoptant avec clause de fiducie, l'adoptant émancipateur sera préféré au père naturel comme patron; ce n'est que dans le cas où l'émancipation a été faite sans fiducie que le père naturel a un droit sur la succession de l'émancipé, car alors il prime l'adoptant qui n'a que la qualité de *manumissor extraneus*.

La mère avait également droit à la *querela* quand elle avait été omise par son enfant et qu'elle avait droit à la succession *ab intestat;* le préteur admettait la mère au même rang que les cognats; mais le sénatus-consulte Tertullien rendu sous Adrien vient au secours de la mère et l'appelle dans l'ordre des agnats.

Après les descendants et les ascendants, la *querela inofficiosi testamenti* est accordée aux frères et aux sœurs. Dans l'ancien droit civil les frères agnats seuls du défunt pouvaient attaquer pour inofficiosité le testament dans lequel ils étaiens omis (2). Justinien changea cette législation en accordant la plainte d'inofficiosité à tous les frères et sœurs consanguins, *durante agnatione vel non* (3). Le droit d'intenter la *querela* ne fut étendu aux frères et sœurs utérins que par la novelle 118, qui supprimait toute différence entre les parents paternels et mater-

(1) Gaius, Comm., III, § 114.
(2) L. 1, C., Th., De inoff. test. (III, 19).
(3) L. 27, C., De inoff. test. (III, 28).

nels. Les ascendants et les descendants ont droit à notre action par le fait seul qu'ils ont été exhérédés ou omis sans motif légitime ; il n'en est pas de même des frères et sœurs ; ils ne peuvent attaquer le testament que si l'héritier institué est une *persona turpis*. Une constitution de Constantin nous donne les trois différentes altérations qui pouvaient frapper l'*existimatio* du citoyen romain ; c'étaient : l'*infamia*, qui résulte, soit de certains actes honteux désignés par la loi, soit de l'exercice de certaines professions, soit de condamnations ; la *turpitudo*, qui est encourue toutes les fois que les mœurs ou l'opinion publique déclarent la vie ou la profession incompatible avec l'honorabilité ; la *levis nola*, qui frappe les affranchis et les enfants de ceux qui se livrent à l'art théâtral (*qui artem ludicram faciunt*). Les expressions de *personæ turpes, viles personæ*, s'appliquent souvent indistinctement aux personnes qui ont encouru l'une ou l'autre de ces altérations.

Nous venons d'expliquer quels étaient les parents qui avaient droit à la plainte d'inofficiosité, il nous reste à examiner contre quelles personnes cette action devait être dirigée ; en principe, c'est contre l'héritier institué par le testament que la *querela* doit être intentée ; mais il pouvait arriver qu'elle fût accordée contre une autre personne que le *heres scriptus;* le jurisconsulte Tryphoninus nous en fournit l'exemple suivant (1). Un père a sous sa puissance deux fils : il en émancipe un ; dans son testament il exhérède le fils qu'il a gardé sous sa puissance et omet le fils émancipé ; ce dernier, par la *bonorum possessio contra tabulas*, enlèvera à l'héritier institué la totalité de la succession ; le fils exhérédé aura contre son frère la *querela*, mais seulement pour la moitié de la succession. Un autre exemple nous est donné par Papinien (2). Un père a émancipé son fils

---

(1) L. 20, pr., D., De bon. poss. cont. tab. (XXXVII, 4).
(2) L. 16, § 1, D., De inoff. test (V, 2).

avec clause de fiducie ; ce fils meurt, laissant un testament dans lequel il a exhérédé sa fille et omis son père ; le père, en sa qualité de patron, obtient la *bonorum possessio contra tabulas* pour la moitié des biens , la fille exhérédée aura la plainte d'inofficiosité, tant contre son grand-père que contre l'héritier institué.

La *querela inofficiosi testamenti* peut donc avoir lieu contre d'autres que l'héritier institué ; mais elle ne sera jamais dirigée contre les légataires, ni contre les fidéicommissaires à titre particulier ; toutefois ces derniers sont intéressés au maintien du testament : car, si ce testament est jugé inofficieux, il sera cassé et les libéralités qu'il contenait seront anéanties. Les légataires et fidéicommissaires ont donc le droit d'intervenir au procès, même de former appel , dans le cas où la sentence serait contraire à leurs intérêts (1).

III

La *querela inofficiosi testamenti*, étant basée sur une fiction qui portait atteinte à la mémoire du testateur (*hoc colore quasi non sanæ mentis fuerit*), devait être un remède extrême auquel on ne pouvait avoir recours qu'en l'absence de tout autre moyen d'attribuer l'hérédité à ceux qui y avaient droit ; il était donc admis en principe que cette action ne serait accordée qu'à défaut de toute autre voie de droit ; l'héritier qui avait obtenu la *querela* était chargé de prouver, pour obtenir la rescision du testament, qu'il était victime d'une exhérédation ou d'une omission injuste ; l'*onus probandi* est ici, comme en général, imposé au demandeur ; d'après Constantin, dans le cas où les

(1) L. 29, pr., D., De inoff. test. (V, 2); L. 14, pr., D., De appel. et relat. (XLIX, 1).

ascendants demandent la rescision du testament de leur descendant pour inofficiosité, ils ne sont pas chargés de prouver son ingratitude ; ce sont les héritiers institués qui devront prouver que le défunt avait de justes motifs d'omettre ses ascendants (1).

Pour décider des causes qui auraient pu justifier l'exhérédation, une grande latitude était laissée aux magistrats devant lesquels était portée la *querela;* l'appréciation des juges était souveraine sur toutes ces questions ; devait-on tenir compte de la conduite de l'enfant exhérédé seulement, ou peut-on même lui opposer la conduite de son père ? On admettait, en général, qu'il était permis de prendre en considération les actes du père comme ceux du fils, mais en apportant les bons procédés du fils comme une atténuation aux torts du père (2). Justinien établit en principe que l'exhérédation ou l'omission ne doit être maintenue que contre ceux qui l'ont méritée par leurs propres méfaits (3).

Une mère, croyant que son fils était mort, l'a passé sous silence et a institué un étranger ; quoique certainement l'*officium pietatis* ne soit pas violé, la *querela* sera admise, et cela par la raison qu'il n'existe aucun autre moyen d'éviter une exclusion injuste. Si dans le même cas la mère avait institué pour héritiers ses autres enfants, le testament n'aurait pas pu être attaqué par la *querela inofficiosi testamenti ;* on serait venu au secours de l'enfant omis en le faisant concourir pour une part virile avec ses frères, comme, pour éviter la nullité du testament d'un chef de famille, on donnait aux filles et aux petits-fils omis le *jus adcrescendi* (4).

(1) L. 28, C., De inoff. test. (III, 28).
(2) L. 3, § 5, D., De bon. poss. cont. tab. (XXXVII, 4).
(3) L. 33, § 1, C., De inoff. test. (III, 28).
(4) L. 17, § 4, D., De inoff. test. (V, 1); L. 3, C., De inoff. test. (III, 28).

La plainte d'inofficiosité n'était pas une action de droit
strict; le testament n'était pas attaqué pour un vice absolu et
caractérisé; aussi avons-nous vu que les juges avaient un large
pouvoir d'appréciation pour examiner si les dispositions du
testament étaient réellement contraires aux devoirs de la parenté. Il pouvait arriver que le défunt avait institué ses héritiers en ligne directe, mais pour une part minime; ou bien qu'il
leur avait laissé, sans les instituer, une partie de ses biens, ou
qu'en les exhérédant ou en les omettant, il n'avait eu en vue
que leur propre intérêt. Dans tous ces différents cas, on pouvait se demander si le testament devait être annulé, ou quelle
était la portion de biens suffisante pour empêcher ceux à qui
appartenait la *querela* d'intenter leur action. Le droit civil ne
donnait aucune réponse catégorique à toutes ces questions,
c'était aux juges à décider si les libéralités du testateur à l'égard
des plaignants étaient telles que l'*officium pietatis* ne se trouvait pas violé; il n'y avait donc aucune part positivement fixée.
Mais dans les dernières années de la république fut porté, sous
le nom de *lex Falcidia*, un plébiscite dans lequel il fut ordonné
que tout héritier institué ne pourrait être grevé de legs au delà
des trois quarts de sa part héréditaire, de telle sorte qu'un
quart au moins de cette part devait lui rester; c'est probablement la disposition contenue dans la loi Falcidie qui suggéra
aux prudents l'idée de fixer au quart des biens du testateur la
portion qu'il devait laisser aux héritiers du sang, sous peine
de donner ouverture à la plainte d'inofficiosité.

Cujas attribue l'origine de cette quarte à une constitution de
Marc-Aurèle (1); mais son opinion est réfutée par le passage
suivant de Pline-le-Jeune, qui écrivait sous Trajan : « *Si mater
te ex parte quarta scripsisset heredem, num queri posses? Suf-
ficere tibi debet si, exheredatus a matre, quartam partem ex*

(1) Obs., lib. III, cap. viii.

hereditate ejus accipias (1). » La portion de biens due aux héritiers du sang est nommée, tantôt la quarte Falcidie, tantôt la portion due par la loi, portion légitime d'où les commentateurs ont fait la dénomination pure et simple de *la légitime.*

La quarte devait être laissée à l'héritier du sang soit par institution d'héritier, soit par legs ou par fidéicommis ; mais il devait l'avoir d'une manière ou d'une autre ; si l'héritier quoique institué, n'avait pas une part égale à la portion légitime, il pouvait attaquer le testament comme inofficieux. L'héritier institué pour le tout ne pouvait se prévaloir de la *querela,* car de toute manière il avait la légitime, soit à l'aide de la *lex Falcidia,* soit d'après le sénatus-consulte de Pégasien, qui avait étendu aux fidéicommis le principe de la quarte Falcidie (2).

Pour déterminer la quarte légitime, le calcul est le même que celui par lequel on arrive à déterminer la quarte Falcidie (3). On considère le patrimoine du défunt tel qu'il était au moment de sa mort, déduction faite des frais funéraires, des dettes et des affranchissements faits dans le testament (4). Le principe qui veut qu'on ne tienne pas compte, pour le calcul de la légitime, des affranchissements testamentaires, demande quelques développements. Le droit pour un maître d'affranchir ses esclaves n'avait été restreint par aucune loi dans l'ancien droit ; mais cette faveur pour la liberté entraîna des abus ; le défunt affranchissait souvent des esclaves dans un nombre peu en accord avec son patrimoine, et par là réduisait à une part minime ses héritiers ; la loi *Furia Caninia* vint mettre une limite à la liberté des testateurs, en ordonnant qu'on ne pourrait affranchir par testament qu'un nombre d'esclaves proportionnel au

---

(1) Plin., 1. V, lit. ι.
(2) Pauli Sent., lib. IV, tit. v, § 5.
(3) L. 8, § 9, D., De inoff. test. (V, 2).
(4) Pauli Sent., lib. IV, tit. v, § 6.

nombre que l'on en a; cependant, celui qui n'aura que deux esclaves pourra les affranchir tous deux; sous le régime de cette loi, il ne pouvait donc pas arriver que les héritiers du sang se trouvassent dépouillés par un trop grand nombre d'affranchissements. Mais Justinien abrogea la loi *Furia Caninia*, et la difficulté de concilier l'*officium pietatis* et le respect dû à la liberté se présenta plus souvent. Ulpien s'occupa de cette difficulté dans la loi 8, § 9, de notre titre au *Digeste*. Le jurisconsulte nous dit que, dans le cas où le fils est sous puissance, sa situation est sans remède, car il est *heres necessarius ex testamento* et ne peut répudier, et en même temps il ne pourra obtenir la *querela*, car il a été institué. Mais si le fils institué n'est plus sous puissance, il répudiera l'hérédité; s'il a un substitué, il intentera contre lui la *querela*, qui, en rescindant le testament, anéantira les affranchissements. S'il n'existe pas de substitué, le fils recueillera l'hérédité *ab intestat*, sans s'exposer à la peine de l'édit *Si quis omissa causa testamenti*, car cet édit n'atteignait que ceux dont la renonciation avait pour but de dépouiller injustement les légataires.

Toutes les choses formant l'objet d'un legs ou d'autres libéralités testamentaires seront comprises dans la masse, car elles sont encore dans le patrimoine du testateur au moment de sa mort; on y comprendra pour la même raison les donations à cause de mort; ce sera sur la masse ainsi composée, en en prenant le quart, qu'on déterminera la valeur de la portion légitime.

Les donations entre vifs qu'avait faites le défunt ne pouvaient entrer dans le calcul des biens qu'il laissait à son décès; le père de famille pouvait donc épuiser son patrimoine en donations de ce genre, sans crainte de la *querela*. La loi *Cincia*, portée en l'an 550 de Rome, avait été un premier pas dans la voie des restrictions de la liberté de disposer; cette loi fixe un taux que les donations ne doivent pas dépasser, à moins qu'elles ne soient faites à des personnes exceptées (1); mais elle n'annule pas, même pour l'excédant, la donation dépassant le taux légal.

Ce manque de sanction la fait considérer par Ulpien (2) comme une loi imparfaite. Le donateur qui a payé n'a, la plupart du temps, aucun moyen pour mettre à néant la donation qu'il a exécutée, même au delà du taux de la loi, sauf dans le cas où la donation consistait dans une obligation de donner, contractée au moyen d'une stipulation ; le donateur pouvait alors répéter, par la *condictio indebiti*, sa chose donnée en payement. Il était en outre facile d'éluder la loi en multipliant les donations, et en ayant soin de ne pas dépasser pour chacune d'elles le taux légitime; la loi *Cincia* n'atteignait donc que rarement le but de limiter les libéralités et de protéger les héritiers du sang.

En présence de cette lacune, l'empereur Alexandre-Sévère permit, par un rescrit, d'attaquer comme inofficieuses les donations entre vifs par lesquelles le défunt aurait diminué son patrimoine au point de ne pas laisser à ses héritiers le quart de ce qu'ils auraient eu s'il n'avait point fait de libéralités (3).

Le calcul de la portion légitime se faisait alors en réunissant fictivement aux biens existants au moment du décès les biens donnés entre vifs. Les donations ne peuvent être attaquées que dans le cas où le disposant est mort laissant un testament. Les empereurs Valérien et Gallien étendirent le droit à la plainte d'inofficiosité contre les donations excessives aux héritiers légitimes *ab intestat* (4); les empereurs Dioclétien et Maximien vinrent au secours du donateur lui-même; dans le cas où il

---

(1) Vatic. fragm., §§ 295-309.
(2) Reg. de legibus et moribus, § 1.
(3) L. 87, § 3, D., Delegat., 2° (XXXI).
(4) L. 3, C., De inoff. donat. (III, 29).

n'était pas suffisamment protégé par la loi Cincia, ils lui donnaient le droit de demander une *restitutio in integrum* contre toute donation exagérée (1). Cette restitution était accordée même aux héritiers du donateur ; mais elle est regardée comme un *ultimum subsidium*, préférable cependant à la *querela*, d'après le principe dont nous avons parlé plus haut. La *querela inofficiosæ donationis* ne faisait pas rescinder les donations en entier ; elles étaient seulement réduites jusqu'à la quarte légitime (2). Pour compléter le système de protection des héritiers du sang, l'empereur Constance, en 358, applique aux constitutions de dot les règles sur les donations entre vifs, en ce qui touche la plainte d'inofficiosité.

La masse des biens sur lesquels se fait le calcul de la portion légitime se compose donc, sous les déductions dont nous avons parlé, de tous les biens qui sont dans le patrimoine du testateur, plus des biens donnés. Mais si l'héritier du sang avait reçu du testateur certaines libéralités, devait-on les comprendre dans la masse pour le calcul de la légitime ? Il ne pouvait exister aucun doute à l'égard des legs, des fidéicommis ou des donations à cause de mort en faveur de l'héritier : ces biens, n'étant pas sortis du patrimoine du testateur, devaient entrer dans la masse pour le calcul de la quarte. Quant aux donations entre vifs faites au légitimaire, elles n'entraient pas dans la masse ; cependant, si l'héritier donataire intentait contre d'autres donataires la *querela inofficiosæ donationis*, sa donation, aussi bien que les autres, était réunie à la masse.

Lorsque le donateur a donné sous la condition, *ut in quartam habeatur*, Ulpien décide que le fils sera tenu d'imputer les biens compris dans la donation entre vifs sur la position légitime (3).

---

(1) L. 4, C., De inoff. donat. (III, 29).
(2) L. 8, pr., De inoff. donat. (III, 19).
(3) L. 25, D., De inoff. test. (V, 2).

Quant aux biens constitués en dot ou compris dans une donation *ante nuptias*, une constitution de l'empereur Zénon ordonna de les imputer sur la quarte (1). Une constitution de Justinien exige l'imputation des sommes fournies par le défunt, pour l'acquisition d'une charge militaire ou d'une fonction publique, susceptible d'être vendue ou d'être transmise aux héritiers. Justinien excepte de cette règle les charges des *silentiarii* ou chambellans de l'empereur (2).

Comment doit être laissée la légitime, pour écarter la *querela inofficiosi testamenti?* La légitime doit être laissée purement et simplement ; tout délai ou toute charge qui tendrait à en diminuer la valeur donnait dans l'ancien droit ouverture à la plainte d'inofficiosité. Quand la condition n'a été imposée que dans l'intérêt de l'héritier du sang, il n'a évidemment aucune raison de se plaindre ; nous en trouvons un exemple dans la loi 25, *de inofficioso testamento*, au Code : Une mère, qui a des soupçons sur les mœurs de son mari, institue ses enfants sous la condition qu'ils seront émancipés. Le père n'obtiendra pas la *bonorum possessio secundum tabulas;* et il ne pourra pas intenter la plainte d'inofficiosité au nom de ses enfants, car la disposition de leur mère, loin de violer l'*officium pietatis*, ne tend qu'à les protéger contre les dissipations de leur père.

La plainte d'inofficiosité ne sera pas accordée non plus à l'héritier qui a reçu une part plus forte que sa légitime, à la charge de restituer cette part après un certain laps de temps ; car il a pu se constituer une valeur égale à sa portion légitime avec les fruits de ce qu'il avait reçu de plus que sa quarte (3). La décision devra être la même lorsque le légitimaire, chargé

---

(1) L. 29, C., De inoff. test. (III, 28).
(2) L. 30, § 2, C., De inoff. test. (III, 28).
(3) L. 8, § 1, D., De inoff. test. (III, 28).

d'un fidéicommis, trouve une compensation dans un fidéicommis imposé en sa faveur à d'autres héritiers (1).

Le principe qui faisait tomber tout le testament dans le cas
où la quarte n'avait pas été laissée tout entière aux héritiers
du sang, fut modifié peu à peu par les constitutions impériales.
A partir de Constantin, le testament ne sera plus exposé à être
rescindé, lorsque le défunt a eu soin d'ajouter à ses dispositions,
qu'en cas d'insuffisance des biens qu'il attribue au légitimaire,
il veut que la part qui lui est due soit complétée *boni viri arbi-
tratu* (2). Justinien établit que, même dans le cas où le testateur
n'aurait pas eu la précaution d'ajouter cette clause, le droit de
l'héritier du sang se bornerait à faire compléter le quart ; ainsi
dorénavant il suffit que le testateur *aliquamvis quantitatem in
hereditate vel legato, vel fideicommisso, licet minorem legitima
portione rcliquerit*, pour exclure la plainte d'inofficiosité et ne
plus laisser que l'action en complément. Cette action est personnelle (*condictio ex lege*), perpétuelle, et transmissible aux héritiers ; à la différence de la *querela*, elle laisse subsister le testament.

Nous avons vu que l'héritier du sang pouvait recevoir sa portion légitime de quelque manière que ce fût ; mais qu'arrivait-
il si le légitimaire exhérédé ou omis, ayant reçu un legs équi-
valant à sa quarte, venait à être évincé de la chose faisant l'objet de son legs? Pour répondre à cette question, nous devons
examiner quels étaient les effets du legs de la chose d'autrui.
Dans l'ancien droit, la chose d'autrui ne pouvait être léguée que
par une seule des quatre espèces de legs, par le legs *per damna-
tionem*. Le sénatus-consulte Néronien disposa que : *quod minus
aptis verbis legatum est perinde sit ac si optimo jure legatum*

(1) L. 12, C., De inoff. test. (III, 28).
(2) L. 4, C., Th., De inoff. test. (II, 19).

esset; ce qui validait le legs de la chose d'autrui fait dans la formule *per vindicationem* ou *sinendi modo* ou *per præceptionem.* Cependant il fallait encore distinguer si le testateur avait su qu'il léguait la chose d'autrui, ou s'il avait cru léguer sa propre chose ; dans le premier cas, le legs était valable : le légataire se fera livrer l'objet du legs ou payer l'estimation, il n'y aura pas lieu à la *querela;* dans le second cas, le legs est nul, la plainte d'inofficiosité est ouverte (1) ; c'est ce que nous apprend une constitution d'Antonin-le-Pieux, qui avait confirmé l'avis du jurisconsulte Néralius Priscus sur la validité du legs de la chose d'autrui, que le testateur avait crue sienne. Une constitution d'Alexandre Sévère changea ces règles (2) ; quand le legs a été laissé à un proche parent, on ne fera plus de distinction entre le cas où le testateur a su qu'il léguait la chose d'autrui et le cas où il ignorait que l'objet ne lui appartenait pas ; ce legs étant valable dans tous les cas, la *querela inofficiosi testamenti* est impossible.

Du temps de Justinien, la constitution d'Alexandre Sévère n'est plus en vigueur ; dans la loi 36 pr. *de inofficioso testamento,* au Code, Justinien se demande si, lorsque le légitimaire a été évincé, on devra accorder la *querela* ou l'action en complément; il décide que ce sera à l'aide de l'action en complément que le légitimaire obtiendra sa quarte.

Mais que décider lorsque l'héritier institué prétend que la chose léguée appartenait au défunt? Le légitimaire ne pouvait invoquer le jugement entre le revendicant et lui, jugement qui, à l'égard de l'héritier institué, était *res inter alios acta.* La question devait être débattue une seconde fois entre l'*heres scriptus* et le légitimaire; c'est ce dernier qui, en sa qualité de demandeur, sera chargé du fardeau de la preuve.

---

(1) L. 67, § 8, D., De legat., 2° (XXXI).
(2) L. 10, C., De legat. (IV, 27).

La loi Falcidie accordait à l'héritier institué le droit de réduire tous les legs pour conserver intact le quart de l'hérédité ; si le legs laissé au légitimaire ne suffisait pas pour le remplir de sa quarte, l'héritier institué avait néanmoins le droit d'exercer son action en réduction ; mais il s'exposait ainsi à la *querela inofficiosi testamenti*, qui, en faisant tomber le testament, lui enlevait l'hérédité entière ; il valait donc mieux pour lui renoncer au bénéfice de la réduction ; mais si la conduite du légitimaire à l'égard du défunt avait été telle, que la *querela* ne présente aucune chance de réussite, le *heres scriptus* ne courait aucun danger en se prévalant de la loi Falcidie. Sous Justinien, cette loi ne peut être opposée au légitimaire que quand il a sa quarte entière ; car, s'il n'a pas sa portion légitime, il peut se la faire compléter sans avoir à craindre qu'on lui oppose le reproche d'ingratitude envers le testateur (1) ; mais si le testateur a exprimé la volonté de ne pas laisser la quarte entière au légitimaire, vu son inconduite, cette disposition devra être respectée, tant que le légitimaire n'aura pas prouvé que l'assertion du défunt est contraire à la vérité.

Justinien veut que la légitime soit fournie et complétée *ex substantia patris*, avec les biens mêmes du défunt ; on ne doit pas tenir compte des biens que le fils a acquis *aliunde* ou au moyen d'une substitution ou d'un droit d'accroissement en matière d'usufruit (2).

L'héritier du sang n'a droit à la *querela* que si, à défaut de testament, il est appelé à la succession *ab intestat ;* si c'est le droit civil que le légitimaire invoque pour former sa plainte, la *querela* peut être intentée sans formalités préliminaires ; s'il n'est, au contraire, appelé que par le droit prétorien, comme un fils émancipé, il lui est indispensable d'obtenir, avant d'in-

(1) L. 30, C., De inoff. test. (III, 28).
(2) L. 36, pr., C., De inoff. test. (III, 28).

tenter la *querela,* du préteur, la *bonorum possessio.* Cette possession de biens n'est pour l'héritier du sang qu'un préliminaire d'instance, qui lui permet d'intenter la plainte d'inofficiosité, mais qui ne lui donne aucun droit à l'interdit *quorum bonorum :* la possession des biens qui composent l'hérédité restera aux héritiers institués, qui la conserveront aussi pendant l'instance d'appel, même dans le cas où le légitimaire aurait obtenu gain de cause devant le premier juge (1).

Si le légitimaire est en possession des biens de l'hérédité, les héritiers institués pourront le déposséder au moyen de l'interdit *quorum bonorum;* mais s'ils ont laissé passer le délai pendant lequel ils auraient pu demander la *bonorum possessio,* ils seront forcés de recourir à la pétition d'hérédité; le légitimaire demandera alors par voie d'exception la rescision du testament pour inofficiosité (2). La *querela* pouvait se présenter aussi à l'état de réplique; le légitimaire peut intenter, s'il le préfère, la pétition d'hérédité contre les héritiers institués (3); si ceux-ci lui opposent le testament, il peut leur repliquer en se basant sur l'inofficiosité.

Après avoir examiné quelles étaient l'origine et la nature de la *querela inofficiosi testamenti,* nous devons considérer quels étaient les effets de cette action. Si la *querela* est admise, le testament tombe tout entier (4); les legs et les fidéicommis, les affranchissements n'ont pas plus de valeur que si le citoyen était mort sans testament : l'héritier du sang sera *heres* ou *bonorum possessor,* suivant les circonstances. Ulpien, dans la loi 8, § 16 de notre titre au Digeste, nous donne toutes les conséquences du triomphe de la plainte d'inofficiosité; en terminant,

---

(1) L. 27, § 3, D., De inoff. test. (V, 2).
(2) L. 8, § 13, De inoff. test. (V, 2).
(3) Paul. Sent., lib. IV, tit. v, § 4.
(4) L. 6, § 1, et L. 21, § 2, D., De inoff. test. (V, 1).

il dit ce qui aura lieu si les legs faits dans le testament ont été payés : *soluta repetuntur, aut ab eo qui solvit, aut ab eo qui obtinuit*. Nous appliquerons ici tous les principes de la pétition d'hérédité, puisque la *querela* n'est qu'une espèce de cette action, particulièrement ceux du sénatus-consulte Juventien (1), en vertu duquel les possesseurs de bonne foi d'une hérédité étaient tenus des biens héréditaires *usque eo duntaxat quo locupletiores ex ea re facti essent;* le possesseur de mauvaise foi, au contraire, était tenu de tout ce qui se trouvait encore en sa possession, et même de ce qui aurait dû s'y trouver sans son dol.

L'*heres scriptus* a-t-il payé *ante motam controversiam*, il a contre le légataire la *condictio indebiti* ; il la cédera au légitimaire, en le constituant *procurator in rem suam* (2) ; un rescrit de l'empereur Adrien avait même accordé au légitimaire une *condictio indebiti utilis* pour poursuivre directement les légataires ; si l'héritier institué est de mauvaise foi, il doit au légitimaire l'hérédité entière sans aucune déduction ; il pourra, bien entendu, répéter ce qu'il a payé aux légataires. L'*heres scriptus* a-t-il payé *post motam controversiam*, les risques de l'insolvabilité des légataires sont encore pour lui ; le légitimaire devra être mis en possession de l'hérédité entière, sauf à l'héritier institué à intenter la *condictio indebiti* contre les légataires.

L'adition de l'hérédité faite par l'*heres scriptus*, en vertu du testament, opérait la confusion entre le patrimoine de cet héritier et la succession ; mais, dans le cas où la rescision du testament avait lieu par suite de la plainte d'inofficiosité, le légitimaire devenait héritier *ab intestat* et continuait, du jour de la sentence, la personne du défunt, qui, jusqu'à ce moment, avait été représenté par l'héritier testamentaire. Il résulte de là

(1) L. 20, § 6, D., De hered. pet. (V, 3).
(2) L. 8, § 16, D., De inoff. test. (V, 2).

qu'à partir de la sentence qui anéantit le testament, l'héritier institué redevient, soit créancier, soit débiteur du défunt, et que des compensations pouvaient être opérées de part et d'autre.

Nous avons raisonné jusqu'à présent dans la supposition qu'il n'y avait qu'un seul héritier du sang. Lorsque plusieurs légitimaires, tous au même degré pour la succession *ab intestat*, ont été exhérédés ou omis, chacun d'eux a la *querela* pour obtenir l'hérédité entière ; mais si l'un des deux légitimaires a intenté la plainte d'inofficiosité et a triomphé, l'autre pourra revendiquer par la pétition d'hérédité la moitié de la succession qui, par l'effet de la sentence, s'est ouverte *ab intestat*. Il n'en serait pas de même si le second légitimaire avait renoncé à la *querela* ou avait laissé écouler le délai accordé pour l'intenter (1). Il semblerait que cette décision est contraire à la loi 8, § 8, de notre titre au Digeste ; mais l'espèce posée par Ulpien, dans ce texte, n'est pas la même que celle dont nous venons de nous occuper. Ce jurisconsulte se demande si les enfants renonçants ou justement exhérédés doivent compter pour le calcul de la portion légitime, et il répond que, pour décider si la plainte d'inofficiosité doit appartenir ou non à un légitimaire, il faut tenir compte de tous ceux qui auraient droit à la succession *ab intestat*. Quand, au contraire, le testament a déjà été rescindé, celui qui a triomphé dans la *querela* devra subir le concours de tous ceux qui auront déjà reçu leur quarte, et par là n'auraient pas le droit à l'action d'inofficiosité, et de ceux qui auraient le droit d'intenter la *querela*. Quant à ceux qui ont perdu le droit à cette action, soit par une renonciation, soit par l'expiration des délais, leur part accroît aux autres héritiers *ab intestat*.

L'héritier qui a reçu par testament une libéralité inférieure

(1) L. 16, pr.; l. 17, pr.; l. 23, § 1, D, De inoff. test. (V, 1).

3

à sa portion légitime, et qui l'a acceptée, approuve par là les dernières volontés du défunt et est censé renoncer à la plainte d'inofficiosité. Quand, au contraire, le légitimaire est institué héritier pour partie et fait adition, ou accepte un legs égal à sa quarte, il n'est pas réputé avoir renoncé à l'hérédité *ab intestat* qui pourrait s'ouvrir par une plainte d'inofficiosité d'un autre légitimaire (1).

La sentence qui déclare un testament inofficieux fait tomber l'institution testamentaire, et, avec elle, les legs, les affranchissements et les fidéicommis. La clause codicillaire même qui recommanderait à tout héritier du droit civil ou du droit prétorien de veiller à l'accomplissement des dernières volontés du défunt, ne validerait pas les fidéicommis qu'elle pourrait contenir. La raison de cette sévérité se trouve dans la cause invoquée pour annuler le testament. Cet acte étant fait par un homme considéré comme insensé, toutes les dispositions qui émanent de sa volonté et qui se trouvent consignées dans cet acte sont entachées du même vice. Toutefois, ce principe n'est pas sans exception. Paul nous rapporte un décret d'Adrien en vertu duquel le testament d'une mère qui a passé sous silence son fils militaire, parce qu'elle le croyait mort, conserve sa validité quant aux legs et affranchissements; l'institution seule tombera (2). Une seconde exception se trouve dans un rescrit de Marc-Aurèle et Ælius Verus. Dans le cas où l'héritier institué aurait fait défaut, au lieu de défendre les dernières volontés du défunt, on suppose qu'il y a eu collusion entre lui et les demandeurs, et le testament ne sera rescindé que quant à l'institution; les legs et les affranchissements seront respectés. Pour les affranchissements, on était même allé plus loin : dans aucun cas, les affranchissements fidéicommissaires ne partageront le

---

(1) L. 19, D., De inoff. test. (V, 2).
(2) L. 28, D., De inoff. test. (V, 2).

sort du testament rescindé, mais chaque affranchi devra payer au légitimaire vingt pièces d'or (1). Dans certains cas, il était permis d'intenter la *querela ex magna et justa causa* après l'expiration des délais ordinaires; alors tous les affranchissements, même ceux faits directement, étaient maintenus; mais chaque affranchi devait payer les vingt pièces d'or (2). Enfin, si l'héritier institué avait affranchi un esclave lui appartenant pour accomplir une condition dictée par le testament, la liberté était conservée à l'esclave, même si plus tard une plainte d'inofficiosité avait enlevé la succession à l'héritier; mais l'affranchi devait vingt pièces d'or à son ancien maître.

La plainte d'inofficiosité tendait généralement à la rescision totale du testament; mais il pouvait arriver aussi que la nullité ne fût demandée et prononcée que pour partie. Ulpien nous en cite l'exemple suivant : Un homme est mort ayant fait un testament dans lequel il a omis son frère, son seul héritier direct, et institué deux personnes dont l'une est *integræ existimationis;* l'autre, au contraire, *turpis*. Le frère ne peut se plaindre que de l'institution d'une personne *turpis;* c'est donc contre l'un des institués seulement qu'il dirigera son action d'inofficiosité; le testament sera annulé pour moitié (3). La même chose arrivera si, lorsque plusieurs héritiers ont été institués, le légitimaire n'en poursuit qu'un. Papinien nous rapporte un autre cas de rescision partielle : il suppose que le fils exhérédé ait intenté la *querela* contre tous les héritiers, mais qu'il a obtenu des sentences différentes, *unum vicit, ab altero superatus est;* dans ce cas, il sera héritier *ab intestat* pour partie; l'autre partie de la succession restera aux héritiers testamentaires (4).

(1) L. 9, D., De inoff. test. (V, 2).

(2) L. 8, § 17, D., De inoff. test. (V, 2); L. 4, C., De inoff. test. (III, 28).

(3) L. 24, D., De inoff. test. (V, 2).

(4) L. 15, § 2, D., De inoff. test. (V, 2).

Dans la loi 19, D. (V. 2), Paul admet aussi qu'il puisse y avoir rescision partielle du testament. Le jurisconsulte suppose une mère laissant deux filles; elle a exhérédé une de ses filles et a institué l'autre avec un étranger. Il décide que la fille exhérédée intentera la *querela* contre l'étranger et aura la moitié de l'hérédité *ab intestat*, tandis que l'autre fille aura sa part en vertu du testament.

La rescision partielle du testament qui donne au défunt des héritiers *ab intestat* en même temps que des héritiers testamentaires, semble contraire au principe du droit romain, en vertu duquel personne, si ce n'est un militaire, ne peut décéder *partim testatus, partim intestatus*. Mais cette règle ne s'appliquait qu'au cas où le testateur se trouvait, au moment de sa mort, partie testat, partie intestat. Lorsque le testament est annulé pour inofficiosité, la dévolution insolite de la succession avait lieu *ex post facto*, par l'effet de la sentence; au moment de la mort, tout était conforme aux règles du droit. Aussi Papinien nous dit-il, dans la loi 15, § 2 : *Nec absurdum videtur pro parte intestatum videri;* et Cujas, dans son commentaire sur cette loi, donne l'explication suivante de l'idée de Papinien : *Aliud est esse, aliud videri, aliud decedere pro parte intestatum ab initio, aliud postea decessisse videri; et rursus aliud est videri, aliud esse. Qui fit intestatus videtur esse, nec tamen fuit ab initio* (1).

Voyons maintenant quels étaient les effets de la rescision partielle du testament. Papinien nous les indique dans la loi 15, § 2 (*De inoffic. test.*). En parlant d'un fils qui a gagné son procès contre l'un des héritiers institués et a succombé à l'égard de l'autre, il nous dit : *Et debitores convenire, et ipse a creditoribus conveniri pro parte potest, et corpora vindicare et hereditatem*

---

(1) Cujas, Comm., Ad Papiniani quæst., lib. 13; Ad leg. 15, § 1, De inoff. test. (V, 2).

dividere; verum enim est familiæ erciscundæ judicium competere. Suivant que le patrimoine du défunt est possédé par le légitimaire ou par les héritiers institués, l'action *familiæ erciscundæ* sera exercée par les héritiers testamentaires contre le légitimaire, ou par celui-ci contre les *heredes scripti.* Quant aux legs et aux fidéicommis, la succession étant ouverte partie testat, partie intestat, les héritiers testamentaires ne devront que la part proportionnelle à la portion de la succession à laquelle ils ont droit; pour l'autre partie, les legs sont considérés comme non-avenus (1). Il n'en serait pas de même si le testateur avait légué une chose indivisible, par exemple une servitude réelle ou un affranchissement. Comme la liberté est indivisible, les affranchissements contenus dans un testament valable pour partie seulement seront maintenus; mais les affranchis devront payer à l'héritier du sang une partie du prix moyen d'un esclave, proportionnée à la part héréditaire qu'il a recueillie *ab intestat.* Quant aux servitudes léguées, si le légitimaire donne son consentement, elle sera constituée au profit du légataire; mais celui-ci sera forcé de payer au légitimaire une somme proportionnelle à sa part héréditaire dans la valeur de la servitude; si, au contraire, le légitimaire s'oppose à la constitution de la servitude, le légataire sera dédommagé en argent par les héritiers institués dans la proportion de ce qu'ils ont obtenu par le testament (2).

Lorsque la *querela inofficiosi testamenti* est rejetée, le testament reste valable, et certaines peines seront prononcées contre celui qui, ayant tenté de renverser les dernières volontés du défunt, a par là porté atteinte, en quelque sorte, à son honneur. Celui qui avait succombé dans la plainte d'inofficiosité perdait tout ce que le testament lui attribuait; tous les avantages qu'il

(1) L. 13, C., De inoff. test. (III, 28).
(2) L. 76, pr., D., De legatis, 2° (XXXI).

aurait retirés des dispositions testamentaires du défunt étaient attribués au fisc. Cette peine ne s'appliquait pas à celui qui, après avoir intenté la *querela*, se désistait de sa demande avant que la sentence fût prononcée (1). On exceptait également le mineur de vingt-cinq ans, même dans le cas où le rejet de sa demande aurait eu lieu. Il en était de même lorsque la demande avait été intentée par une personne qui y était forcée par son devoir, par exemple par un tuteur, ou par celui qui avait succédé à un légitimaire qui avait intenté l'action.

Quelles étaient les différentes manières dont pouvait s'éteindre l'action pour inofficiosité? La *querela* était éteinte par la mort, par l'expiration des délais, par la transaction, par le désistement, par toute approbation expresse ou tacite donnée au testament. Si le légitimaire décède avant d'avoir intenté ni préparé la plainte d'inofficiosité, elle est éteinte (2); mais si celui à qui elle appartenait avait manifesté l'intention d'agir et avait commencé des dispositions à cet égard, elle était transmise à ses héritiers (3). Sous Justinien, la transmissibilité avait reçu une extension : si un fils, qui avait le droit d'attaquer comme inofficieux le testament de son père, était mort sans avoir intenté ni préparé son action, le droit de l'intenter passait cependant à ses descendants, mais elle ne profitait pas à tous autres héritiers (4).

Dans l'ancien droit, la *querela inofficiosi testamenti* devait être intentée dans un délai de deux ans (5). Plus tard, ce délai fut étendu à cinq ans (6). Une constitution de Justinien nous prouve qu'au temps classique les jurisconsultes n'étaient

(1) L. 8, § 14, D., De inoff. test. (V, 2).
(2) L. 6, § 1, et l. 7, D., De inofficioso test. (V, 1).
(3) L. 139, D., De R. J. (L. 17); L. 5, C., De inoff. test. (III, 28).
(4) L. 34 et l. 36, C., De inoff. test. (III, 28).
(5) Pline, lettre V, 1.
(6) L. 8, § 17, et l. 9, D., De inoff. test. (V, 2).

pas d'accord sur le point de départ de ce délai. Modestin voulait
qu'il prît son point de départ du jour du décès. Ulpien, au contraire, ne le faisait courir que du jour où l'héritier institué avait
fait adition en vertu du testament. Justinien confirme l'avis
d'Ulpien, et, dans l'intérêt des héritiers du sang, il impose à
l'*heres scriptus* l'obligation de se prononcer sur son adition
dans les six mois ou dans l'année de la mort du testateur, selon
qu'il habite la même province ou au delà (1). Dans certains cas,
le délai de cinq ans était suspendu ; il en était ainsi lorsque
celui à qui appartenait la *querela* était engagé dans un autre
procès où la validité du testament était mise en question, et
qu'il avait ainsi réservé la plainte d'inofficiosité comme moyen
subsidiaire d'arriver à la succession *ab intestat* (2). Nous avons
déjà dit que même après l'expiration du délai la *querela* pouvait
quelquefois être intentée *ex magna et justa causa,* mais que,
dans ce cas, les affranchissements contenus dans le testament
étaient maintenus , à la charge pour chaque affranchi de payer
vingt pièces d'or au légitimaire.

La plainte d'inofficiosité pouvait s'éteindre par une transaction
entre l'héritier institué et le plaignant ; l'engagement de ne pas
attaquer le testament comme inofficieux, s'il est contracté pendant la vie du testateur, ne peut exclure l'héritier légitime de la
querela (3) ; mais après la mort du testateur, le parent auquel
appartient le droit d'intenter la plainte d'inofficiosité peut valablement faire l'abandon de son action moyennant des avantages
que lui fait l'héritier testamentaire ; si cet héritier ne remplit
pas les engagements qu'il a pris à l'égard du légitimaire, la
transaction n'a plus d'effet, et le légitimaire pourrait faire tom-

(1) L. 36, § 1, C., De inoff. test. (III, 28).
(2) L. 16, C., De inoff. test. (III, 28).
(3) L. 16, D., De suis et leg. hered. (XXXVIII, 16); Paul. Sent., lib. IV,
tit. V, § 8.

ber le testament par la *querela* (1). La transaction avait la même
autorité que la chose jugée (2), mais elle ne possédait cette
efficacité qu'entre parties ; elle n'était opposable, par conséquent,
ni aux légataires, ni aux fidéicommissaires, ni aux esclaves affranchis par le testament, à moins que ces personnes n'y eussent participé (3) ; les légataires, les fidéicommissaires et les
affranchis conservent leurs droits intacts tant que le testament
n'est pas annulé ; ils auront action contre l'héritier institué ;
c'est à lui à prendre ses précautions vis-à-vis du légitimaire ;
s'il se trouve en perte par suite de la transaction, il ne peut
faire peser sur eux le dommage que lui cause sa négligence.

Le légitimaire qui, après avoir intenté la plainte d'inofficiosité, l'abandonne, *litem dereliquerit*, perd son action (4).

Le désistement, toutefois, sera considéré comme non avenu,
et l'action pourrait être intentée, si celui qui y a droit n'a cessé
les poursuites que parce qu'il avait été trompé par une fraude de
l'héritier : par exemple, si l'héritier lui avait persuadé qu'il était
chargé secrètement de lui restituer le tiers de la succession (5).

L'approbation expresse ou tacite donnée au testament du
défunt exclut le légitimaire de la *querela* ; l'approbation expresse
peut résulter soit d'une déclaration verbale, soit d'une déclaration écrite : par exemple, le consentement ajouté par le fils au
testament du père après la mort de celui-ci. L'approbation
tacite est supposée chaque fois que celui à qui appartient la
querela a fait un acte qui montre clairement qu'il entend que
les dernières volontés du défunt soient exécutées. Ainsi, l'on
considère comme donnant son approbation, le légitimaire qui

(1) L. 27, pr., D., De inoff. test. (V, 2).
(2) L. 20, C., De transact. (II, 4).
(3) L. 29, § 1, D., De inoff. test. (V, 2).
(4) L. 8, § 1, D., De inoff. test. (V, 2).
(5) L. 21, pr., D., De inoff. test. (V, 2)

a reçu une chose provenant d'un legs contenu dans le testament qu'il avait le droit d'attaquer (1). Nous en dirons autant du légitimaire qui aurait accepté ce que le testateur avait ordonné à un héritier, à un légataire, à un *statuliber*, de lui payer; le légitimaire encourait également la déchéance de son action, quand le legs qu'il avait accepté était fait, non pas à lui directement, mais à une personne qui était sous sa puissance ; mais si le legs se trouvait révoqué par la découverte d'un codicille, le légitimaire recouvrait le droit d'attaquer le testament ; sa renonciation à l'action d'inofficiosité avait eu pour cause la libéralité que lui avait faite le défunt; le legs n'existant pas, on ne pourrait admettre que l'approbation dont il était la cause dût subsister (2).

Si le légitimaire était devenu héritier d'un légataire et avait demandé en cette qualité la chose léguée, perdait-il le droit d'attaquer le testament de son parent comme inofficieux ? Le jurisconsulte Paul se borne à donner à l'héritier du légataire le conseil de s'abstenir, tout en admettant que le légitimaire, en réclamant la libéralité faite à son auteur, ne prend rien lui-même dans la succession du *de cujus* (3) ; mais l'interprétation de volonté était souvent d'une rigueur peu favorable aux héritiers du sang ; ainsi on déclarait déchu de la plainte d'inofficiosité le légitimaire exhérédé ou omis qui, comme avocat, avait prêté son ministère à une personne demandant l'exécution d'un legs fait dans le testament, et le légitimaire qui, agissant *procuratorio nomine*, avait demandé l'exécution d'un legs fait au profit d'autrui (4). Il n'en était pas de même du tuteur qui acceptait, au nom du pupille dont il gérait la tutelle, un legs con-

(1) L. 5, pr., D., De his quæ ut indign. aufer. (XXXIV, 9).
(2) L. 12, § 1, 2, D., De inoff. test. (V, 2).
(3) L. 32, § 1, De inoff. test. (V, 2).
(4) L. 32, pr., D., De inoff. test. (V, 2).

tenu dans un testament qu'il aurait pu accuser d'inofficiosité ;
le tuteur n'agit ici que pour accomplir un devoir forcé : rien ne
l'empêchera d'intenter la *querela* en son propre nom (1).

Le légitimaire était réputé donner son approbation au testament qu'il aurait pu attaquer, quand il a acheté des héritiers
institués tout ou partie de l'hérédité , ou même une chose individuelle faisant partie de la succession ; il en était de même
s'il avait pris à loyer des choses héréditaires, ou s'il avait payé
à l'*heres scriptus* ce qu'il devait au défunt (2).

Si le légitimaire institué dans le testament pour une part qui
ne le remplit pas de sa quarte paye les créanciers du défunt
dans la proportion de ce qu'il prend dans l'hérédité en vertu
de son institution , *agnovit judicium defuncti*, il perd par là le
droit d'intenter la plainte d'inofficiosité (3).

Lorsque le légitimaire exhérédé ou omis devenait héritier
d'une personne instituée dans ce testament, Paul nous apprend
que l'adition qu'il faisait de l'hérédité de l'institué ne lui enlevait pas le droit d'attaquer le testament de son parent comme
inofficieux ; le jurisconsulte donne la décision contraire quand
l'héritier institué est mort léguant une chose héréditaire au
légitimaire qui l'accepte (4). Tous ces exemples nous prouvent
que la *querela* n'était perdue que quand l'acte d'approbation ,
même indirect , avait été entièrement libre et volontaire de la
part de celui à qui appartenait cette action ; aussi voyons-nous
que le légitimaire n'encourait aucune déchéance quand le profit
qu'il tirait du testament était indirect et indépendant d'une
manifestation de volonté de sa part ; le jurisconsulte Modestin
nous en donne l'exemple suivant : *Titius* et un fils exhérédé

(1) Instit., II, XVIII, § 4; L. 10, § 1, D., De inoff. test. (V, 2).
(2) L. 23, § 1, D., De inoff. test. (V, 2).
(3) L. 8, § 1, C., De inoff. test. (III, 28).
(4) L. 31, §§ 2 et 3, D., De inoff. test. (V, 2).

étaient codébiteurs solidaires du testateur qui a légué à *Titius*
sa libération ; pour exécuter le legs, l'héritier institué fait acceptilation avec *Titius ;* par l'effet de cette acceptilation, le fils sera
également libéré , mais il ne perdra pas son droit à la *querela* ,
car sa libération n'est qu'une conséquence nécessaire du legs
fait à son codébiteur (1).

Nous avons à examiner maintenant quelles innovations les
novelles de Justinien introduisirent dans la législation sur les
matières que nous venons d'étudier.

D'abord la quotité de la portion légitime est augmentée. Justinien ordonne dans la novelle XVIII que quand les légitimaires
sont au nombre de quatre, la portion légitime soit du tiers de la
succession ; quand ils sont plus de quatre, elle est de la moitié.
Cette augmentation a lieu également pour les ascendants , et
pour les frères et sœurs qui ont été omis au profit d'une *persona
turpis*. Justinien, il est vrai, ne parle pas expressément de
ces légitimaires ; mais la dernière phrase du premier chapitre
de notre novelle, *hoc observando in omnibus personis in quibus ab
initio antiquæ quartæ ratio de inofficiosa lege decreta est*, permet
d'appliquer aux ascendants et aux frères et sœurs l'extension
donnée par l'empereur à la légitime des enfants. Le chapitre II
de la novelle XVIII contient une disposition en faveur des fils
et des petits-fils des décurions qui leur succèdent dans leur
charge , et des filles et petites-filles de décurions ; leur légitime
sera des trois quarts de leur portion *ab intestat*. Justinien ne
permet plus d'exhéréder ou d'omettre les enfants ou les ascendants sans juste motif, même quand on leur a laissé la portion
légitime par legs, fidéicommis ou donations à cause de mort ;
il faut qu'en le leur laissant , le testateur les honore dans son
testament d'une institution d'héritier direct ; cette institution
pouvait très-bien n'être faite que pour un objet particulier ; en

(1) L. 12, § 3, D., De inoff. test. (V, 2).

cas d'insuffisance, l'héritier aurait eu, pour faire compléter sa légitime, la *condictio ex lege* (1).

Dans l'ancien droit, et même d'après les Institutes, les motifs qui justifiaient une exhérédation ou une omission n'étaient pas législativement fixés ; le testateur n'était pas obligé d'exprimer dans son testament ce qui, dans sa pensée, avait rendu l'héritier du sang indigne de venir à sa succession ; Justinien décide qu'il ne sera plus laissé à l'arbitrage du juge d'apprécier si l'exclusion est fondée ou non, et il détermine limitativement les cas où l'exhérédation et l'omission seront permises. Ces cas sont au nombre de quatorze pour les descendants, de huit pour les ascendants, et de trois pour les frères et sœurs.

Les causes légitimes d'exhérédation pour les enfants sont : 1° si l'enfant a porté la main sur son ascendant ; 2° s'il s'est rendu coupable envers lui d'une injure grave ; 3° s'il a porté contre lui une accusation criminelle ; toutefois cette cause cessait d'être légitime s'il s'agissait d'un crime de lèse-majesté ou d'un crime contre la sûreté de l'État ; 4° s'il vit associé avec des malfaiteurs ; 5° s'il a attenté par le poison ou autrement à la vie de son ascendant ; 6° s'il a eu commerce avec la femme ou la concubine de son ascendant ; 7° si, par sa délation, il lui a fait subir un dommage grave ; 8° s'il a refusé de se porter fidéjusseur pour l'ascendant retenu en prison pour dettes : cette cause d'exhérédation ou d'omission ne sera pas admise comme suffisante, quand il est prouvé qu'au moment où l'ascendant subissait l'incarcération, le descendant n'était pas capable de se porter caution pour la somme demandée ; 9° s'il a voulu empêcher l'ascendant de tester. Si l'ascendant est mort après avoir recouvré sa liberté et sans testament, il était considéré comme ayant pardonné, et le descendant n'était pas exclu de l'hérédité *ab intestat ;* si, au contraire, l'ascendant était mort

(1) Nov., CXV, cap. 3 et 4.

intestat sous la contrainte du descendant, celui-ci sera écarté comme indigne, et l'hérédité sera attribuée aux autres héritiers *ab intestat*, ou bien à ceux qui prouveront que le défunt avait l'intention de les instituer héritiers ou de leur faire des legs (1); 10° si l'enfant a embrassé la profession de gladiateur ou de comédien contre la volonté de l'ascendant, à moins que ce dernier ne fût lui-même de cette condition ; 11° si la fille mineure que l'ascendant a voulu marier et doter s'est livrée à la débauche ; mais si la fille a atteint l'âge de vingt-cinq ans sans que les parents se soient occupés de la marier convenablement, elle ne pourra pas être accusée d'ingratitude si elle a vécu dans le libertinage ou si elle s'est mariée à sa guise ; 12° si l'enfant avait abandonné l'ascendant atteint de démence ; si une personne étrangère recueille le malheureux fou, et le soigne par charité, Justinien veut qu'elle interpelle par écrit les héritiers *ab intestat* ou ceux institués dans un testament fait avant la folie, pour qu'ils aient à se charger du soin de leur parent; dans le cas où ils refusent, ils seront écartés de la succession de l'insensé et l'étranger y prendra leur place ; si le fou laisse un testament, l'institution seule sera annulée, les autres dispositions conserveront leur force ; 13° si l'enfant n'a pas racheté l'ascendant de sa captivité ; si l'ascendant revient de la captivité, il est libre de pardonner ; s'il meurt chez les ennemis, ses biens sont enlevés aux héritiers indignes et donnés à l'église de la ville où il est né ; un inventaire authentique en est dressé et ils seront employés au rachat des captifs ; cette cause légitime d'exhérédation ne s'applique pas aux héritiers mineurs de dix-huit ans ; l'héritier mineur de vingt-cinq ans, pourvu qu'il soit âgé de dix-huit ans, peut emprunter ou hypothéquer tant ses propres biens que ceux du captif pour se procurer les moyens d'effectuer le rachat de

(1) L. 2, C., Si quis aliq. test. prohib. (VI, 34).

son ascendant, et le prisonnier de retour sera tenu de remplir ces engagements ; 14° si le descendant est un hérétique qui rejette les quatre conciles œcuméniques (1).

Les justes causes d'omission à l'égard des ascendants sont les suivantes : 1° s'ils ont accusé leur descendant d'un crime capital, à moins que l'accusation n'ait eu pour objet un crime de lèse-majesté ; 2° s'ils ont dressé des embûches à sa vie par le poison ou de toute autre manière ; 3° si l'ascendant a eu commerce avec la femme ou la concubine du testateur ; 4° s'il a empêché ou voulu empêcher le descendant de tester ; 5° s'il ne l'a pas racheté de sa captivité ; 6° s'il l'a abandonné quand il était fou ; 7° si l'ascendant est hérétique ; 8° si le père avait voulu empoisonner la mère, ou réciproquement, l'enfant peut valablement exhéréder le coupable (2).

Les frères et sœurs peuvent être omis et n'ont pas droit à la *querela*, quoiqu'on ait institué des *personæ turpes* dans les trois cas suivants : quand ils ont attenté à la vie du testateur ; quand ils ont porté contre lui une accusation criminelle ; quand ils ont tenté de lui faire éprouver un grand dommage de fortune (3). A ces trois motifs nous devons ajouter le cas où le frère fou ou captif avait été abandonné par ses frères ou sœurs, qui avaient les moyens de le soigner ou de le racheter ; nous devons appliquer à leur égard, comme à l'égard des ascendants, les règles que nous avons données pour l'exhérédation des ascendants, sous les numéros 9, 12 et 13.

Les causes d'exhérédation doivent être formellement exprimées dans le testament ; les héritiers testamentaires sont chargés de prouver la vérité des faits avancés par le testateur ; si

(1) Nov., CXV, cap. 3.
(2) Nov., CXV, cap. 4.
(3) Nov., XXII, cap. 47.

cette preuve n'est pas faite, ou si aucune des causes légitimes d'exhérédation n'a été exprimée dans le testament, le légitimaire aura la plainte d'inofficiosité ; mais cette action ne tend plus à anéantir tout le testament; l'institution d'héritier seule tombe, toutes les autres dispositions restent valables (1).

Nous avons vu que Justinien avait accordé aux fils de famille le droit de tester sur leur pécule quasi-castrans comme au père de famille, et que ces testaments n'étaient pas susceptibles d'être attaqués par la *querela* (2); la nouvelle, 23, chap. II, introduit à cet égard une innovation : les prêtres, les diacres, les sous-diacres et autres clercs auront la libre disposition de leur pécule quasi-castrans ; mais ils devront observer les règles sur la portion légitime qui doit être laissée aux enfants et aux ascendants.

(1) Nov., CXV, cap. 3, § 14, et cap. 4, § 8.
(2) L. 37, § 1, C., De inoff. test. (III, 28).

DROIT FRANÇAIS

Nous avons étudié les restrictions apportées par le droit romain à la faculté qu'avait donnée la loi des Douze Tables au citoyen romain de disposer de son patrimoine. Avant d'entrer dans l'explication des lois qui nous régissent, il est nécessaire d'examiner quelle était, à l'égard de la libre disposition des biens, la législation française antérieure au code Napoléon.

Avant la révolution de 1789, la France était divisée, quant au droit civil, en deux parties distinctes: les provinces du Midi étaient placées sous l'empire du droit romain, elles s'appelaient pays de droit écrit; les provinces du Nord étaient régies par les coutumes, et en tiraient leur nom de pays de droit coutumier. Les différences entre le droit des provinces de droit écrit et celui des provinces coutumières sont nombreuses, mais elles ont une importance particulière dans la matière qui nous occupe. Le droit romain que suivaient les pays de droit écrit avait été jusqu'au XIIᵉ siècle celui du Code Théodosien; au XIIᵉ siècle, l'étude du droit romain, longtemps négligée, prit un nouvel essor en Italie et en France, les recueils de Justinien, surtout les Novelles, remplacèrent dans la jurisprudence le droit de Théodose. Malgré quelques modifications apportées aux principes des Novelles soit par les ordonnances, soit par la jurisprudence

4

des parlements des pays de droit écrit, il est superflu d'expliquer la législation de ces provinces, car elle n'est autre que celle dont nous avons essayé d'exposer les principes généraux dans la première partie de notre travail : la légitime était accordée aux mêmes successibles, qui avaient à leur disposition les mêmes actions pour se faire mettre en possession de ce qui leur était attribué par la loi.

Dans les provinces coutumières, nous nous trouvons en présence de trois institutions : la réserve coutumière, la légitime et le douaire. Le but que se proposaient ces trois institutions, c'est-à-dire la restriction de la faculté de disposer, était le même ; mais elles avaient de nombreuses différences, tant à l'égard de leur origine qu'à l'égard des personnes qu'elles tendaient à protéger. Nous allons étudier séparément chacune de ces institutions.

SECTION Ire.

Des réserves coutumières.

Les réserves coutumières avaient pour but de conserver une portion de certains biens à titre héréditaire dans les familles. Nous devons chercher l'origine de ces réserves dans le principe de copropriété de famille qu'admettait l'ancien droit germanique ; la féodalité continua et fortifia ce système. Les réserves coutumières, le plus généralement, ne frappaient que les propres immobiliers tant féodaux que roturiers ; elles ne s'appliquaient ni aux immeubles acquêts ni aux meubles ; les acquêts immeubles devenaient biens patrimoniaux et entraient dans le compte de la réserve coutumière par une première transmission héréditaire. Dans la plupart des coutumes, la réserve coutumière était des quatre cinquièmes des propres ; d'où le nom de réserve des quatre quints des propres (1). Dans d'autres, elle n'était que des trois quarts (2) ou des deux tiers (3). Dans la coutume de la ville de Metz, la réserve comprenait tous les propres immobiliers. Un des caractères les plus remarquables des réserves coutumières est que la restriction à la faculté de disposer à titre gratuit relativement aux propres n'existait que pour les libéralités testamentaires; elle ne s'appliquait point aux donations entre vifs : la raison de cette différence se trouve sans doute dans le principe de l'irrévocabilité des donations entre vifs; il y avait bien moins de danger que le donateur se dépouillerait d'une trop grande portion de son patrimoine quand le sacrifice devait être fait de son vivant; la protection de la famille, au contraire, devenait nécessaire quand des étrangers devaient prendre une part considérable de propres après la mort de celui qui en avait joui.

La réserve était attribuée aux parents de l'estoc et ligne d'où provenaient les propres, quelle que fût d'ailleurs la qualité de ces parents; aucune faveur n'était accordée à la proximité du degré ; les ascendants qui, par suite de la maxime *propres ne remontent point*, n'étaient pas appelés à la succession, n'avaient pas non plus de réserve coutumière, si ce n'est dans certaines coutumes où cette maxime n'était pas reconnue (4). A défaut d'héritiers de l'estoc et de la ligne d'où provenaient les propres, les héritiers qui recueillaient ces biens n'avaient aucun droit à la réserve coutumière; les libéralités testamentaires dont le défunt pouvait avoir grevé ces propres n'étaient soumises à aucune réduction, même si elles dépassaient le cinquième.

(1) Coutume de Paris, 295 ; Orléans, 292.
(2) Coutume d'Auvergne, tit. 14, art. 12; Coutume de Bourbonnais, art. 291.
(3) Nouv. cout. de Bretagne. art. 200 ; cout. de Cháuny, art. 61 et 85.
(4) Amiens, 68, 88 ; Sens, 86.

La réserve était considérée dans toutes les coutumes comme une portion indisponible de la succession *ab intestat ;* toutes les règles auxquelles étaient soumises les successions lui étaient appliquées. Pour y avoir droit, il fallait être héritier et acceptant (1). Les biens indisponibles étaient dévolus à tous les héritiers ; la part du renonçant venait accroître la part de ceux qui acceptaient.

Lorsque le testateur avait légué ses propres en nature (2), l'héritier qui voulait retenir la part que les coutumes lui réservaient était tenu d'abandonner au légataire tous les biens disponibles du défunt ; cette décision était contestée dans l'ancienne jurisprudence, mais elle est celle de Dumoulin et de Pothier. Lorsque la succession comprenait des propres situés dans des pays régis par différentes coutumes, l'héritier pouvait retenir sa réserve sur les biens situés dans une coutume qui lui en donnait le droit, quoique ces biens ne dépassassent pas le cinquième de ceux que le testateur avait possédés dans les autres pays, mais il devait faire l'abandon de tous les biens disponibles quelle que fût leur situation (3).

Nous avons vu que la succession des propres des différentes lignes et celle des acquêts et des meubles pouvaient appartenir à plusieurs héritiers différents ; le legs d'un propre en nature étant un legs de corps certain, le légataire qui, par suite de la réserve, subissait un retranchement, n'avait aucun recours en indemnité contre les autres héritiers ; les legs de choses indéterminées ou de somme d'argent, au contraire, étaient à la charge de tous les différents héritiers ; chacun devait y contribuer pour sa part

(1) Ricard, Traité des Donations, III, n° 1463.

(2) Dumoulin, art. 95 de la coutume de Paris ; Pothier, introd. au t. XVI de la coutume d'Orléans et Traité des Testaments, ch. IV, § 5.

(3) Dumoulin, de la coutume d'Auvergne, note sur le ch. XII, art. 41 ; Pothier, Orl., XVI ; testam., IV.

et portion jusqu'à concurrence du cinquième des biens auxquels il succédait.

Les dettes de la succession étaient supportées par le réservataire et par les légataires, auxquels il abandonnait les biens disponibles dans la proportion de ce que chacun prenait; l'héritier qui était exposé aux poursuites pouvait déduire sur les biens disponibles les sommes nécessaires à l'acquittement des dettes que devaient supporter les légataires. Comme l'héritier ne succédait pas à la totalité du patrimoine du défunt, mais seulement à certains biens déterminés, aucune confusion ne s'opérait, les sommes dues par lui au testateur étaient comptées dans l'actif de la succession, de même que les créances qu'il pouvait avoir contre le défunt comptaient dans le passif.

SECTION II.

De la légitime.

La réserve des *quatre quints* était due, sans distinction, à tous les parents directs et collatéraux; elle avait été instituée dans le but de conserver certains biens dans les familles; quand les propres étaient féodaux, ce qui arrivait souvent, le droit d'aînesse absorbait la presque totalité des quatre cinquièmes de ces biens, et les autres enfants restaient sans protection. La légitime formait une institution tout à fait distincte de la réserve; même dans les pays de coutume elle découle du droit romain; déjà, avant la réformation des coutumes, quelques jurisconsultes attribuaient à tous les enfants un droit sur les acquêts et sur les meubles. Les auteurs qui accordaient cette légitime et qui l'introduisirent ainsi dans nos coutumes n'invoquaient point à l'appui de cette innovation les principes du droit coutumier, ils se fondaient directement sur le droit romain; la quotité de la légitime est réglée d'après les dispositions de la novelle XVIII.

A la différence de la réserve coutumière, la légitime s'exerce sur tous les biens sans distinction, et elle ne peut être entamée par des donations entre vifs pas plus que par des libéralités testamentaires. Cependant il est nécessaire de remarquer que la légitime n'était qu'un droit subsidiaire; elle n'était ouverte que quand les enfants ne trouvaient pas leur réserve coutumière dans les propres. C'est ce que nous dit Lebrun (1): « On ne réduit les donations, pour la légitime de droit, qu'après les avoir réduites pour la légitime coutumière des quatre quints, et qu'en cas que les enfants ne trouvent pas leur légitime de droit dans ces quatre quints. »

Pourtant on a voulu confondre dans une seule ces deux institutions. Voici dans quels termes Guy Coquille réfute cette opinion (2): « Aucuns ont estimé que les quatre cinquièmes dus aux héritiers dont le père de famille ne peut disposer par testament soient la légitime; mais je crois qu'ils s'abusent, car la vraie légitime n'est due qu'aux descendants et aux ascendants, et les quatre cinquièmes sont dus aux collatéraux aussi bien qu'aux descendants. *Item*, si nous disions que les quatre cinquièmes fussent la légitime, il n'y aurait point de légitime pour les enfants de celui qui n'a que des meubles et des conquêts; et toutefois la vérité est que la légitime est due aux enfants, à prendre sur toute sorte de biens. »

Lors de la réformation de nos coutumes, au XVIe siècle, des articles distincts consacraient ces deux différentes restrictions à la faculté de disposer. (Cout. de Paris 292 et 298).

Quelles étaient les personnes auxquelles nos coutumes accordaient la légitime? Le droit romain, nous l'avons vu, donnait

(1) Traité des Successions, liv. II, ch. III, sect. 2, no 18.
(2) Questions et réponses sur les articles des coutumes, CLXIII; aussi comm. de l'art. 7 du titre des Donations.

la légitime aux descendants, aux ascendants, et même aux frères et sœurs ; nos coutumes l'attribuaient aux enfants et aux descendants, mais non aux ascendants ; quelques coutumes cependant s'écartaient de cette jurisprudence ; dans les coutumes de Lille, de Douai, de Tournay, Lebrun nous dit que la légitime des ascendants doit être admise ; il en est de même de la coutume du Bourbonnais (1). La coutume d'Orléans accordait également une légitime aux ascendants ; Pothier nous dit dans une note sur l'art. 277 de cette coutume : « Suivant la loi 27 *cod. de inoff. test.* les frères et sœurs germains et consanguins peuvent attaquer les donations faites à leur préjudice à des personnes infâmes, *quæ infamiæ, vel turpitudinis, vel levis notæ macula aspergantur*, et en ce cas, ils né les font pas seulement réduire mais annuler en entier. Cette action, qui est accordée aux frères et sœurs, à cause de l'injure que leur fait le donateur en leur préférant dans la succession de ses biens de telles personnes, doit, à plus forte raison, être accordée aux ascendants. »

Quant aux frères et sœurs, Lebrun (2) atteste que les coutumes admettaient pour eux une légitime (3) qui leur était attribuée sous les mêmes conditions qu'en droit romain, c'est-à-dire lorsqu'une personne infâme avait été instituée à leur préjudice.

Examinons maintenant quelle était la quotité de la légitime. La novelle XVIII, cap. I, fixait cette quotité au tiers des biens si le défunt avait quatre enfants, à la moitié s'il y en avait un plus grand nombre ; les coutumes qui admettaient la légitime, même avant la réformation, suivaient les principes de la novelle XVIII ; cette fixation avait l'inconvénient que la légitime

(1) Lebrun, Traité des Successions, liv. I, ch. v, sect. 8.
(2) Lebrun, Traité des Successions, liv. II, ch. iii, sect. 2.
(3) Orléans, art. 277 ; Audenarde, rubr. VIII, art. 1.

de chaque enfant était plus forte lorsqu'ils étaient cinq que lorsqu'ils n'étaient que quatre. Dans la rédaction de la coutume de Paris, la quotité de la légitime (art. 298) fut fixée à « la moitié de telle part et portion que chacun enfant eust eue en la succession desdits père et mère, ayeul ou ayeule, ou autres ascendants, si lesdits père et mère ou autres ascendants n'eussent disposé par donations entre vifs ou dernière volonté ; sur le tout déduit les debtes et frais funéraux. » Un grand nombre de coutumes admettaient la disposition de la coutume de Paris ; d'autres avaient adopté des quotités différentes, mais pareillement indépendantes du nombre des légitimaires ; d'autres avaient augmenté ou diminué la quotité fixée par la novelle XVIII ; quelques-unes enfin avaient conservé intactes les dipositions de cette novelle (1).

Dans les coutumes muettes sur ce point, on appliquait le droit romain, si la coutume y renvoyait pour les cas omis ou imprévus ; quant à celles où le droit romain ne pouvait être appliqué à défaut d'une disposition expresse, la question de savoir s'il fallait suivre le droit romain ou bien l'art. 298 de la coutume de Paris y fut longtemps controversée. Un arrêt du 10 mars 1672 décida enfin que, dans les coutumes usuelles, la quotité de la légitime serait celle fixée par l'art. 298 de la coutume de Paris.

Les termes de cet article nous prouvent que la légitime était regardée comme un droit individuel appartenant à chaque enfant en particulier ; il y a autant de légitimes qu'il y a d'enfants ; chaque enfant doit être satisfait dès qu'il a personnellement la portion qui lui est due. « Les enfants, » nous dit Ricard (2), « ne prennent pas la portion qui est destinée pour leur légi-

(1) Bourgogne, ch. VII, art. 7 ; Melun, art. 232 ; Reims, art. 233 ; Vermandois, art. 52.
(2) Traité des Donations, part. III, ch. viii, sect. 7, n° 1061.

time, en masse, pour la distribuer entre ceux qui doivent y prendre part, mais chaque enfant en particulier doit être content, lorsqu'il a la portion qui lui est déférée par la loi. »

A qui devait profiter la part du légitimaire renonçant ? aux légitimaires acceptants ou aux donataires et aux légataires ? Pour répondre à cette question, il est nécessaire de déterminer quels enfants font nombre pour le calcul de la légitime. Ceux-là seuls des enfants font nombre, qui prennent part ; l'enfant qui renonçait *aliquo accepto* était compté dans le calcul de la légitime ; il était regardé comme prenant part, car il trouvait sa part dans le don qu'il avait reçu ; en sens inverse, l'enfant qui renonce *nullo accepto* ne comptait pas plus que celui qui ne pouvait pas venir à la succession, par incapacité ou par son prédécès ; il ne prenait rien, il ne faisait pas part ; il résulte de là que la renonciation de l'enfant qui n'a rien reçu ne peut profiter qu'aux légitimaires acceptants. La légitime, en effet, étant une quotité fixe et invariable, la diminution du nombre de ceux qui y prennent part ne peut qu'augmenter la portion de chacun ; c'est ce que nous dit formellement Ricard : « Les parts des renonçants accroissent, ou plutôt ne décroissent pas aux autres (1). »

Tout ce que nous avons dit sur la légitime jusqu'ici était, sauf quelques modifications de peu d'importance, conforme à la législation d'où elle tirait son origine ; mais cette conformité ne se maintient pas toujours ; nous nous trouvons en présence d'une question où les principes du droit romain sont directement contraires à ceux admis dans les pays de droit coutumier ; c'est la question de savoir si l'enfant, pour réclamer sa légitime, doit se porter héritier. En droit romain, la légitime était une portion des biens du défunt et non une portion de l'hérédité ; aussi le légitimaire peut-il obtenir la part qui lui est attribuée

(1) Traité des Donations, part. III, ch. VIII, sect. 7, n° 1056.

par la loi, sans être héritier ; les pays de droit écrit suivaient cette législation. Mais, dans les pays de coutume, nous rencontrons deux maximes : « institution d'héritier n'a pas lieu » et « le mort saisit le vif » qui firent naître les controverses les plus vives. La succession légitime devient la règle ; la loi seule fait les héritiers, et ces héritiers légitimes ont de plein droit la saisine des biens que la loi leur attribue ; l'application de ces principes dut modifier profondément la légitime des provinces coutumières ; au lieu d'être une portion des biens du défunt, elle devint une portion de l'hérédité. Un parti considérable ne voulut pas admettre cette conséquence et prétendit que le caractère de la légitime était resté le même dans les pays de coutume que dans le droit romain et dans les pays de droit civil ; mais la doctrine contraire prévalut. Dumoulin nous dit : *Apud nos, non legitimam habet nisi qui hæres est* (1), et nous croyons que telle a été l'opinion du grand jurisconsulte, malgré certains passages de ses œuvres qui paraissent contenir un avis contraire et qui ont permis aux partisans des deux systèmes de chercher un appui dans son autorité. L'opinion que la légitime n'est qu'une partie de l'hérédité et ne peut appartenir qu'à celui qui se porte héritier, fut professée par un grand nombre d'auteurs coutumiers. De ce principe on tira la conséquence que les biens qu'obtenait le légitimaire pour sa légitime par l'action en retranchement contre les donataires, devenaient le gage des créanciers héréditaires. Pour éviter cet inconvénient, les anciens auteurs eurent recours à différents expédients. Guy-Coquille (2) voulait que les enfants pussent se dire héritiers, non pas simplement, mais héritiers seulement en leur légitime. Ricard proposait comme remède l'acceptation sous bénéfice

(1) Commentaire de l'ancienne coutume de Paris, art. 125 ; Guy-Coquille, Questions et réponses sur les articles des coutumes, quest. 163.
(2) Sur la coutume de Nivernais, art. 7 du titre des Donations.

d'inventaire (1). Lebrun (2) admet le légitimaire à s'adresser directement aux donataires entre vifs, même sans se porter héritier, lorsqu'il n'existe pas de biens dans la succession ou que les biens existants sont absorbés par les dettes. Pothier (3) enseignait que les enfants pouvaient agir en retranchement contre les donataires entre vifs tout en acceptant la succession, sans avoir à craindre que les biens retranchés pour la légitime ne devinssent le gage des créanciers du défunt ; et voici comment il défendait cette opinion : « On peut dire , » écrit-il, « que ces choses retranchées ne sont pas de la succession, « puisque le donateur s'en est dessaisi de son vivant: que, en- « core bien que le droit qu'a l'héritier d'obtenir ce retranchement « soit attaché à la qualité d'héritier, néanmoins, cè n'est pas un « droit qu'il tient du défunt, puisque le défunt ne l'a jamais eu; il « ne le tient donc pas du défunt ni de la succession , mais de la « loi ; ces choses retranchées ne font donc pas partie de la suc- « cession. »

Quant à la question de savoir si l'enfant pouvait, sans se porter héritier, retenir sa réserve par voie d'exception lorsqu'il avait reçu une donation entre vifs qui lui en tenait lieu, elle n'a pas été le sujet d'une controverse semblable. « Tous conviennent, » disait Pothier, « qu'on peut retenir la légitime par voie d'exception, quoiqu'on ait renoncé à la succession (4). »

En terminant, nous devons faire remarquer que les parents qui avaient droit à la légitime pouvaient en être privés par l'ex-hérédation ; il en était ainsi dans les pays coutumiers comme dans les pays de droit écrit. Les causes légitimes d'exhérédation

---

(1) Traité des Donations, part. III, ch. viii, sect. v, n° 981.

(2) Traité des Successions, liv. II, ch. iii, sect. 1, n° 29.

(3) Des Donations entre vifs, sect. III, art. vi, § 3 in fin.

(4) Introduction à la coutume d'Orléans, Traité des Donations entre vifs, sect. III, art. 5, § 1, n° 77.

étaient, sauf quelques légères modifications, celles qui se trouvent énumérées dans la novelle CXV. L'exhérédation pouvait être faite soit par testament, soit par tout autre acte authentique. Aucune forme n'était exigée pour la révocation de l'exhérédation.

SECTION III.

Du douaire.

Le douaire était un avantage qui consistait dans la jouissance d'une certaine portion des immeubles du mari, accordée à la femme survivante et réglée soit par la coutume, soit par les conventions matrimoniales ; le douaire avait pour but de procurer à la femme, pendant son veuvage, une position en rapport avec celle qu'elle avait eue du vivant de son mari. Quelques coutumes donnaient aux enfants issus du mariage la nue propriété de la portion d'immeubles accordée à la femme, pour le cas où ils ne se porteraient pas héritiers de leur père.

Nous trouvons l'origine du douaire dans les mœurs des anciens peuples de la Germanie. Chez ces peuples, les femmes n'apportaient pas de dot aux maris, mais en recevaient. « *Dotem non uxor marito, sed maritus uxori offert* (1). » — « Cette dot « n'était vraisemblablement pas autre chose que notre douaire, « c'est-à-dire quelque portion de ses biens que l'homme, en se « mariant, assignait à la femme, pour que celle-ci en jouît après « la mort de son mari; chez ces peuples, les femmes étaient « incapables de succéder aux héritages de leurs parents; il était

(1) Tacite, De moribus Germanorum.

« donc nécessaire que les maris fissent en sorte qu'après leur
« mort la subsistance de leurs veuves fût assurée (1). »

Dans les premiers temps de la monarchie, on ne connaissait
que le douaire préfix, celui qui résultait d'une convention inter-
venue entre le mari et la femme ; ce n'est qu'au commencement
du XIIIᵉ siècle, sous le roi Philippe-Auguste, qu'une ordonnance vint établir le douaire légal et en fixer la quotité à la
moitié des biens que le mari avait lors de son mariage.

La législation sur le douaire de la femme différait selon les
différentes coutumes ; nous ne nous occuperons ici que du
douaire des enfants, qui n'était admis que par un petit nombre
de coutumes ; quelques-unes de ces coutumes même n'accordaient le douaire aux enfants que quand le père était noble de
noblesse transmissible au moment du mariage (2) ; la coutume de
Clermont s'attachait à la qualité de la terre, le douaire des
enfants ne pouvait porter que sur les biens roturiers ; seule
la coutume de Paris attribuait le douaire aux enfants nobles et
roturiers sur tous les biens, sans aucune espèce de distinction.

Le douaire des enfants, nous l'avons dit, consistait dans la
propriété des mêmes biens dont l'usufruit formait le douaire de
la femme ; le douaire de la femme n'était pas considéré comme
une donation et n'était pas soumis à la formalité de l'insinua-
tion ; les mêmes règles s'appliquent au douaire des enfants.

Le douaire avait pour but de venir en aide aux enfants, en
leur assurant des aliments après le décès de leur père ; la légitime reposait sur la même idée ; mais il existe de nombreuses
différences entre ces deux institutions. La légitime est due par
le père et par la mère, le douaire par le père seulement. La légitime portait sur les biens que le défunt avait laissés, et on y
réunissait ceux qui avaient été aliénés par donations entre vifs ;

(1) Pothier, Traité du Douaire.
(2) Coutumes d'Étampes, de Châteauneuf, de Chartres et de Dunois.

le douaire portait sur tous les immeubles que le père avait lors de son mariage et sur tous ceux qui lui étaient advenus par la suite en ligne directe, sans qu'il pût en diminuer la valeur, soit par aliénation, soit par constitution d'hypothèque. Dans le calcul des biens pour fixer la légitime, on déduisait les dettes du défunt ; les biens destinés au douaire ne pouvaient être diminués que par les dettes du père antérieures au mariage ; l'enfant qui ne se portait pas héritier n'avait pas droit à la légitime ; pour pouvoir prétendre au douaire, les enfants devaient renoncer à la succession paternelle. Les enfants ne peuvent être privés de leur légitime, à moins d'indignité ; on pouvait au contraire les priver de leur douaire ou, en amoindrir la quotité par une clause insérée au contrat de mariage.

Le douaire coutumier des enfants affectait les mêmes biens que le douaire de la femme et n'affectait que ceux-là ; les biens meubles, les immeubles ameublis, les acquêts faits depuis le mariage, les biens échus par succession collatérale, ou ceux échus par succession directe depuis la mort de la femme, n'y étaient pas compris.

La même règle s'applique au douaire préfix ou conventionnel des enfants ; mais, à la différence du douaire coutumier, le douaire préfix peut porter sur toute espèce de biens meubles ou immeubles, même sur une somme d'argent.

L'obligation du douaire coutumier, soit des enfants, soit de la femme, commençait du jour où le mariage avait été contracté ; à partir de ce moment, le mari ne pouvait ni aliéner ni hypothéquer les immeubles qui y étaient affectés, ni constituer sur eux aucun autre droit réel ; les immeubles que le mari recueillait dans la succession d'un ascendant étaient affectés au douaire, du jour de l'ouverture de la succession.

Le douaire des enfants s'ouvrait par le décès de leur père. Dès le jour de la mort de leur père, ils étaient saisis ; la coutume de Paris, art. 246, nous dit : « Douaire, soit coutumier, soit préfix, saisit sans qu'il soit besoin de le demander en jugement, et courent les fruits et les arrérages du jour du décès du mari. » Cependant, pas toutes les coutumes qui accordaient un douaire aux enfants n'admettaient cette saisine; dans la coutume de Normandie, par exemple, l'enfant douairier devait demander son douaire contre les héritiers de son père ou contre le curateur à la succession vacante.

Les actions par lesquelles les enfants pouvaient se mettre en possession de leur douaire étaient l'action *communi dividundo* contre les héritiers de leur père, qui avaient contre eux la même action pour sortir de l'indivision; lorsque la femme était survivante, elle devait être admise à prendre part au partage. Lorsque le père avait aliéné des immeubles et n'en avait pas laissé suffisamment pour remplir les enfants de leur douaire, ils avaient contre les tiers détenteurs une action réelle qui s'exerçait d'abord contre le détenteur de l'héritage qui avait été aliéné en dernier; on remontait ensuite, par ordre de date, jusqu'à l'aliénation qui avait entamé le douaire. Quand le douaire préfix consistait dans une somme d'argent, l'action de la femme ou des enfants douairiers ne pouvait être que personnelle, mais elle était garantie par une hypothèque générale sur tous les biens présents et à venir du débiteur. La date de cette hypothèque était celle du contrat de mariage, si ce contrat contenait mention du douaire; celle de la célébration du mariage, si dans le contrat de mariage il n'avait pas été parlé de douaire. Quant au rang que devait tenir l'hypothèque du douaire, la jurisprudence avait établi l'ordre suivant : L'hypothèque de la femme pour ses deniers dotaux et pour le remploi du prix de ses propres aliénés, lorsqu'il y avait eu nécessité de les aliéner, passait avant l'hypothèque du douaire; mais l'hypothèque du douaire était préférée à l'hypothèque de la femme pour le remploi du prix de ses propres aliénés sans nécessité, à celle pour l'indemnité des dettes auxquelles elle s'était engagée avec son mari, et à celle pour le préciput stipulé en cas de renonciation et pour tous autres avantages que lui aurait faits le mari.

Le douaire était dû aux enfants issus d'un mariage légitime, même s'ils étaient nés après la mort du père ; si un enfant était prédécédé avant la mort du père, ses enfants le représentaient. Nous avons déjà dit que les enfants ne pouvaient faire valoir leurs prétentions au douaire qu'en renonçant à la succession paternelle. La raison pourquoi le cumul des deux qualités d'héritier et de douairier était interdit nous est donnée en peu de mots par Dumoulin : *Quia debet donarium conferre* (1).

Pothier (2) développe cette réponse en ces termes : « Des « enfants venant à la succession de leur père ne peuvent avoir « aucun avantage les uns sur les autres dans les biens de leur « père. A l'exception seulement de celui que la loi fait à l'aîné « pour son droit d'aînesse, tous les autres avantages faits à quel- « qu'un des enfants, soit qu'ils les tiennent de leur père par les « donations qu'il leur avait faites, soit qu'ils les tiennent du bé- « néfice de la loi, tel qu'est le douaire, doivent être rapportés et « conférés. Par conséquent, un enfant qui est héritier serait « inutilement douairier vis-à-vis des autres enfants ses cohéri- « tiers, soit du même lit, soit d'un autre lit, parce qu'il serait « tenu de leur conférer ce qu'il aurait à titre de douaire. » Ce raisonnement est exact quand il y a plusieurs enfants ; mais il ne peut s'appliquer à l'incompatibilité qui existe entre la qualité d'héritier et celle de douairier quand le défunt n'a laissé qu'un seul enfant. Pour ce cas, on pourrait donner l'explication suivante : Le douaire est une dette de la succession, et, comme tel, doit être payé par l'héritier ; or, s'il n'y a qu'un seul enfant, supposant que l'enfant accepte la succession, les qualités de créancier et de débiteur se rencontreraient dans la

(1) Dumoulin, sur l'art. 178 de la coutume de Senlis.
(2) Traité du Douaire, n° 331.

même personne, ce qui est impossible à admettre, personne
ne pouvant être débiteur de soi-même. Mais cette règle ne
s'applique que vis-à-vis des cohéritiers de l'enfant auxquels il
doit le rapport du douaire ; vis-à-vis des créanciers, il pouvait
être héritier et douairier en acceptant la succession sous bénéfice d'inventaire, ce qui empêchait la confusion des deux patrimoines et lui donnait le droit de faire valoir ses créances
contre le défunt, au nombre desquelles se trouvait la créance
du douaire.

L'enfant devait imputer sur le douaire toutes les libéralités
que son père lui avait faites ; c'est ce que nous dit l'art. 252 de
la coutume de Paris : « Celui qui veut avoir le douaire doit
rendre et restituer ce qu'il a eu et reçu en mariage et autres
avantages de son père, ou moins prendre sur le douaire. » Si
le père avait dispensé l'enfant douaire de cette imputation des
biens donnés, cette clause était nulle tant à l'égard des autres
enfants qu'à l'égard des créanciers antérieurs à la donation ;
mais elle conservait sa validité à l'égard des créanciers posté-
rieurs, qui n'avaient pas pu compter sur des biens qui étaient
déjà sortis du patrimoine du défunt au moment où il était devenu leur débiteur.

Le partage du douaire se faisait, d'après le droit commun
des coutumes, par parts égales entre les enfants, sans privilége
en faveur de l'aîné. On comptait pour le partage les enfants
qui avaient renoncé à la qualité de douairier pour s'en tenir à
celle d'héritier, et les enfants qui avaient renoncé tant au
douaire qu'à la succession pour conserver les donations que
leur père leur avait faites. Si l'enfant renonçait à la succession
et au douaire sans avoir rien reçu qui lui en tint lieu, sa part
accroissait à ses cohéritiers ; mais il en était différemment si
l'enfant avait déclaré renoncer en faveur de la succession de
son père ; cette renonciation avait pour but de laisser un surplus de biens dans la succession pour le payement des dettes.

5

Avant de terminer cette matière, nous devons faire mention d'une institution qui était particulière à la coutume de Normandie et qui se rapprochait beaucoup du douaire, c'est le tiers coutumier de Normandie.

Les enfants y avaient un douaire qui se composait du tiers des biens du père et du tiers des biens de la mère, contrairement à ce qui existait dans les autres coutumes, où l'obligation au douaire ne frappait que les biens du père seul.

Ce tiers coutumier pouvait être diminué, mais non augmenté par le contrat de mariage ; le partage s'en faisait comme celui de la succession, c'est-à-dire que l'aîné des enfants exerçait son droit d'aînesse (1).

(1) Coutume de Normandie, art. 399, 401.

DROIT INTERMÉDIAIRE.

Les idées nouvelles nées de la révolution de 1789 se trouvaient incompatibles avec la législation qui avait régi la France jusqu'à ce moment; un changement complet dans les lois était devenu nécessaire; la division de la France en provinces avait fait place à une nouvelle division, et le chaos produit par la diversité des coutumes particulières devait bientôt être remplacé par une législation uniforme applicable à toutes les parties du territoire français. Mais au milieu du bouleversement général, la rédaction d'un Code civil était impossible, et jusqu'en 1803, la distinction en pays de droit écrit et en pays de coutumes fut forcément conservée dans les matières que ne comprenaient pas les lois nouvelles, applicables, comme nos anciennes ordonnances, à tout le territoire. Notre matière est du nombre de celles où l'ancien droit se trouvait le plus souvent en désaccord avec l'ordre de choses qui venait de s'établir.

Le droit d'exhérédation blessait les sentiments de la nature; il avait été la cause de bien des abus; le pouvoir d'exhéréder leurs enfants fut enlevé aux père et mère. Les réserves coutu-

mières furent abolies par des motifs non moins sérieux, et les
législateurs de cette époque proclamèrent le principe que la loi
ne reconnaît aucune différence dans la nature des biens ou
dans leur origine pour en régler la transmission.

Mais ces réformes ne furent pas les seules; les législateurs
intermédiaires étaient animés du désir d'arriver à tout prix au
morcellement de la propriété et au nivellement des fortunes.
C'est ce désir qui leur inspira les dispositions de la loi du
17 nivôse an II : La faculté de disposer à titre gratuit est en-
fermée dans les limites les plus étroites; le disponible est du
dixième si l'on a des héritiers en ligne directe, ou du sixième
si l'on n'a que des héritiers collatéraux; toute distinction entre
les propres et les acquêts est effacée; il est défendu de donner
la quotité disponible aux personnes appelées par la loi au partage des successions. Antérieurement à cette loi de nivôse an II,
un décret du 11 brumaire de la même année avait accordé aux
enfants naturels les mêmes droits qu'aux enfants légitimes dans
la succession de leurs père et mère et dans celle des parents de
ceux-ci; de sorte que les droits des enfants légitimes et ceux
des enfants naturels se trouvaient parfaitement égaux, tant à
l'égard de la succession même qu'à l'égard de la réserve. Pour
éviter que les dispositions de la loi nouvelle pussent être élu-
dées, la convention annule toutes les donations entre vifs ou
testamentaires faites depuis le 14 juillet 1789, pour tout ce
qu'elles contiendraient de contraire aux dispositions de la loi
du 17 nivôse an II.

La nouvelle législation, qui enlevait presque en totalité au
père de famille un de ses droits les plus précieux, celui de disposer à titre gratuit de son patrimoine et de pouvoir montrer sa
préférence pour un de ses héritiers, en lui accordant une part
plus grande dans sa succession, fut l'objet des plus vives ré-
sistances; toutes sortes de fraudes furent employées pour en
éluder les prohibitions. Enfin parut une nouvelle loi, celle du

4 germinal an VIII. La quotité disponible est étendue ; elle est du quart de la succession si le défunt laisse moins de quatre enfants, du cinquième s'il laisse quatre enfants, du sixième s'il en laisse cinq, et ainsi de suite, en comptant toujours, pour déterminer la portion disponible, le nombre des enfants plus un ; si le défunt ne laisse que des ascendants ou des frères et sœurs, ou descendants d'eux, la quotité disponible est de la moitié de ses biens ; elle est des trois quarts lorsqu'il laisse des oncles ou grands-oncles, des cousins germains ou cousines germaines, soit des enfants des cousins ou cousines. La réserve des collatéraux, on le voit, est limitée quant aux degrés ; les libéralités peuvent être faites au profit des enfants ou des autres héritiers du disposant ; elles ne sont pas soumises à rapport.

Dans la loi du 4 germinal an VIII, comme dans celle du 17 nivôse an II, le législateur n'a indiqué que le quantum de la quotité disponible ; la réserve n'est déterminée que par voie de conséquence ; ce qui prouve qu'elle est toujours regardée, dans le droit intermédiaire, comme une portion indisponible de la succession *ab intestat*.

CODE NAPOLÉON.

Nous avons vu quelles étaient les restrictions apportées à la faculté de disposer à titre gratuit par le droit romain et par l'ancien droit français ; les rédacteurs du Code Napoléon avaient à choisir entre ces deux différentes législations, en posant les principes d'une matière si importante et qui avait été réglée de tant de différentes manières dans les diverses parties de la France avant la révolution de 1789, qui soumit toutes les provinces à une législation nouvelle et uniforme.

L'institution de la réserve, telle que nous la trouvons dans le Code, prouve que les législateurs de 1803 abandonnèrent les principes du droit romain, qui avaient été le fondement de la légitime tant dans les pays de droit écrit que dans les pays coutumiers, et que, malgré bien des changements, ils ont plutôt conservé et sanctionné les principes de notre ancien droit national. La suppression complète des mots « légitime », « légitimaire », remplacés partout par « réserve » et « ceux au profit desquels la loi établit la réserve, » ne peut être un pur caprice de rédaction ; elle indique l'intention de substituer dans la nouvelle législation les principes de la réserve des pays de coutume aux principes de la légitime romaine, qui, en passant dans notre ancien droit, avait déjà subi à beaucoup d'égards l'influence des principes coutumiers.

Cependant notre ancien droit français contenait bien des principes qui étaient directement opposés aux idées nouvelles et que les rédacteurs du Code ne pouvaient conserver ; c'est ainsi qu'ils adoptèrent deux innovations du droit intermédiaire ; le pouvoir d'exhérédation resta aboli ; il fut remplacé dans le Code par l'indignité de succéder, que la loi prononce contre les héritiers pour certaines causes graves ; les réserves coutumières pour les différentes branches collatérales furent supprimées par l'art. 732, d'après lequel la loi ne considère ni la nature ni l'origine des biens pour en régler la succession.

Nous examinerons d'abord quelle est la nature de la réserve dans le Code Napoléon ; nous verrons ensuite quelles sont les personnes auxquelles la loi accorde cette réserve et quel en est le montant. En dernier lieu, nous étudierons l'action en réduction des legs et des donations entre vifs qui portent atteinte à la réserve.

SECTION Ire.

De la nature de la réserve.

Les rédacteurs du Code, comme les législateurs intermédiaires, n'ont déterminé que la portion de biens disponible ; la réserve n'est fixée que corrélativement et par voie de conséquence ; elle reste indisponible dans la succession *ab intestat* du défunt, et doit se transmettre comme elle. Nous pouvons donc définir la réserve : le droit héréditaire des parents en ligne directe, en tant qu'il est garanti jusqu'à concurrence d'une certaine quotité de biens contre les libéralités de la personne à la succession de laquelle ils sont appelés par la loi (1).

Nous nous trouvons ici en présence de la question de savoir si, pour réclamer la réserve, il est nécessaire d'être héritier. L'ensemble des dispositions de notre Code sur cette matière n'admet que l'affirmative. Partout nous voyons la réserve pré-

(1) Zachariæ, § 679.

sentée comme un droit héréditaire auquel on est appelé comme héritier. Dans les articles 913 et 915, le législateur détermine quelle est la quotité des biens disponible ; nous n'y trouvons aucune disposition quant à la transmission de la partie des biens réservée. Il faut donc que l'intention des rédacteurs du Code ait été de la laisser sous l'empire de toutes les règles auxquelles sont soumises les successions *ab intestat*, et personne ne peut réclamer une succession *ab intestat* s'il n'a la qualité d'héritier. La vocation des réservataires à recueillir la portion indisponible de la succession de l'enfant ou de l'ascendant se trouve dans les articles 745 et 746, qui leur défèrent la succession *ab intestat*, et non dans les articles 913 et 915, qui ne font que fixer la part dont aucune libéralité du défunt ne pourra les priver, et qu'ils obtiendront par la voie de l'action en réduction si la succession ne contient pas des biens en quantité suffisante. La loi elle-même désigne toujours, sous le nom d'héritiers, ceux au profit desquels elle établit la réserve. Il est vrai que nous trouvons souvent le mot *héritier* employé comme synonyme du mot *successible*. L'article 785 l'applique même au successible qui renonce ; mais l'acception d'un mot doit être déterminée d'après les principes particuliers de la matière dans laquelle il est employé, et il est difficile de croire que les rédacteurs n'ont été guidés par aucune intention en se servant constamment du mot *héritier* en désignant ceux en faveur desquels la réserve est faite. Il semble, au contraire, que l'emploi répété de ce mot a pu être motivé par la doctrine qu'ont adoptée les rédacteurs du Code, de voir dans la réserve une portion de biens indisponible réservée à certains héritiers *ab intestat*, doctrine qui différait entièrement de celle du droit romain et de nos anciens pays de droit écrit, où la légitime était *pars quota bonorum, non hereditatis.*

La théorie d'après laquelle la qualité d'héritier est nécessaire pour conférer le droit à la réserve a été admise par la plupart des commentateurs du Code. Cependant M. Troplong, se fondant sur les discussions qui ont eu lieu au Conseil d'État à l'occasion de l'article 921, enseigne « qu'il n'est pas nécessaire, « pour intenter l'action en réduction, d'être héritier, lorsqu'il n'y « a rien dans la succession et que la réserve est à recouvrer par « une action en réduction contre les donataires entre vifs (1). » La question soulevée à propos de l'article 921 est la même qui a tant embarrassé nos anciens auteurs lorsqu'il s'agissait de décider si les créanciers du défunt pourraient exercer leurs droits sur les biens provenant de la réduction des donations entre vifs faites par le défunt. Nous avons vu tous les expédients qu'avaient trouvés nos anciens auteurs pour soustraire à l'action des créanciers héréditaires les biens destinés aux réservataires. Le premier projet de l'article 921, rédigé par la section de législation, permettait aux créanciers du défunt d'exercer leurs droits sur les biens recouvrés par l'effet de la réduction (2) ; mais le Tribunat fit observer que l'action en réduction est un droit purement personnel réclamé par l'individu comme enfant, abstraction faite de la qualité d'héritier qu'il peut prendre ou non ; s'il en était autrement, il arriverait souvent que l'action en réduction serait illusoire (3). Une nouvelle discussion eut lieu, et le Conseil d'État, changeant sa première rédaction, décida que les créanciers du défunt ne pourront demander cette réduction ni en profiter. C'est sur l'idée exprimée par le Tribunat que se fonde le système de M. Troplong. L'illustre auteur tient pour constant que les rédacteurs de l'article 921 n'ont eu aucun autre motif d'adopter l'article tel qu'il existe dans le Code, que celui sur lequel s'appuyaient les membres du Tribunat ; il n'en est pas ainsi cependant. Dans la dernière séance, le conseiller Tronchet soutint la proposition du Tribunat ; mais il en écarta le motif que le réservataire pouvait agir en réduction,

(1) T. II, nᵒˢ 915 et suiv.
(2) Fenet, t. XII, p. 421.
(3) Fenet, t. XII, p. 447 et 448.

abstraction faite de sa qualité d'héritier. « Au titre des Succes-
« sions, » dit-il, « on a décidé que le rapport profitait aux héri-
« tiers, et non aux créanciers. Ce serait donc se contredire que
« d'obliger le légitimaire à donner aux créanciers la portion de
« biens que la réduction leur rend ; la réduction alors serait établie
« au profit des créanciers. Il n'y aurait plus de légitime assurée,
« si elle pouvait être enlevée par un créancier postérieur sur la
« chose aliénée avant que sa créance existât. Il doit s'imputer de
« n'avoir pas connu la condition de son débiteur, et il avait les
« moyens de s'en instruire, puisque la donation était publique.
« Ainsi la peine de son imprudence tomberait sur le légitimaire,
« auquel cependant la loi n'a accordé une réserve que pour le
« mettre à l'abri des dissipations de son père, ou plutôt le créan-
« cier deviendrait légitimaire (1). » C'est sur ces considérations,
qui sont l'expresssion des idées de Ricard et de Pothier, que
l'art. 921 fut adopté tel qu'il se trouve dans le Code Napoléon.

Examinons maintenant une objection qu'on a faite à notre
système. Au point de vue de la logique du droit, dit-on, l'action en réduction ne peut être accordée aux réservataires en
leur qualité d'héritiers ; l'héritier est le représentant du défunt,
et, comme tel, il est obligé de respecter tous les actes consentis
par ce dernier ; le défunt n'aurait pas pu attaquer des donations
entre vifs qu'il avait faites. Comment le réservataire aurait-il
ce pouvoir? Sa qualité d'héritier même s'y oppose. Il ne nous
paraît cependant pas difficile de montrer qu'il n'y a aucune
incompatibilité entre la qualité d'héritier et l'exercice de l'action en réduction. La loi a fixé une certaine portion de la succession qui est réservée aux héritiers descendants et ascendants,
et elle a garanti cette réserve par l'action en réduction contre
les libéralités excessives: c'est donc de la loi, et non du défunt,
que le réservataire tient son action en réduction, et, en l'exerçant, il ne représente nullement le défunt; l'action en réduction

anéantit les donations excessives et fait rentrer les biens qui
en ont été l'objet dans le patrimoine du défunt, où les héritiers
les retrouvent, comme si le défunt n'en avait jamais perdu la
propriété. Ce patrimoine, tel que l'action en réduction le réta-
. blit, ne peut appartenir qu'à ceux qui ont la qualité d'héritier.
Comment les créanciers se plaindraient-ils de ne pas être
admis à profiter de cette fiction? Elle n'a été introduite qu'en
faveur des héritiers; les créanciers ont suivi la foi de leur débiteur; ils ne peuvent plus avoir de droits sur les biens qui sont
sortis de son patrimoine. Cependant, pour arriver à ce résultat,
le réservataire doit accepter sous bénéfice d'inventaire, sans
quoi il deviendra débiteur personnel des créanciers de la succession.

Nous concluons donc que la réserve est un droit de succession *ab intestat;* ce droit est réglé de même manière que toute
succession *ab intestat*, c'est-à-dire que, pour y prétendre, il
faut nécessairement se porter héritier. Les successibles renonçants, ainsi que ceux qui ont été écartés pour cause d'indignité,
ne peuvent avoir aucun droit à la réserve (1).

Nous venons de voir que l'enfant, pour pouvoir réclamer la
réserve par voie d'action, doit nécessairement se porter héritier.
Il nous reste à étudier la question de savoir si l'enfant peut
retenir la réserve par voie d'exception. Dans notre ancien droit,
tous les auteurs admettaient que l'enfant donataire qui renonçait à la succession pouvait retenir non-seulement la quotité
disponible, mais même la portion de la légitime qu'il aurait
eue s'il s'était porté héritier. Cette opinion, adoptée par nos
anciens auteurs, était contraire à l'esprit de nos institutions
coutumières; mais elle était conforme au droit romain, d'où,
comme nous l'avons vu, la légitime des pays coutumiers tirait
son origine. Il n'y a rien d'illogique, en effet, à permettre au

(1) M. Vernet, Traité de la Quotité disponible, p. 338 et suiv.; Demolombe, Traité des Donations, t. II, p. 10 et suiv.

légitimaire de retenir sa part dans la légitime, même en renonçant dans un système où cette légitime n'est point une portion
de l'hérédité et où on peut la réclamer par voie d'action sans
être héritier. C'était donc en se fondant sur les principes du
droit romain que notre ancienne jurisprudence avait autorisé le
légitimaire à garder sa réserve, même en renonçant; elle avait,
au contraire, suivi les principes purement coutumiers en ne
permettant de réclamer la légitime par voie d'action qu'à ceux
qui acceptaient la succession.

Quelle décision donnerons-nous d'après le Code Napoléon?

Nous avons prouvé que l'enfant qui n'est pas héritier ne
peut réclamer sa réserve par voie d'action. Quant à l'enfant
donataire qui renonce, les principes que nous avons expliqués
nous amènent à la même conclusion : il ne peut retenir que
la quotité disponible, et il n'a aucun droit à la réserve;
cependant cette doctrine est loin d'être admise par tout le
monde. La question qui nous occupe a été et est encore l'objet
des plus vives discussions, et de nombreux arrêts ont été rendus
tantôt dans un sens, tantôt dans l'autre. Nous essayerons de
prouver que notre décision est la seule qui découle naturellement des principes contenus dans le Code Napoléon.

Les adversaires de notre système soutiennent que l'enfant
donataire ou légataire qui renonce peut retenir en même
temps sa réserve et la quotité disponible tout entière. On invoque d'abord en faveur de cette théorie la jurisprudence de
nos provinces coutumières. Voici les termes de l'article 298
de la coutume de Paris : « La légitime est de la moitié de
telle part et portion que chacun enfant eût eue en la succession desdits père et mère, aïeul ou aïeule, ou autres ascendants, si lesdits père et mère ou autres ascendants n'eussent
disposé par donation entre vifs ou dernière volonté. » Et l'article 307 ajoutait : « Néanmoins, où celui auquel on aurait
donné se voudrait tenir à son don, faire le peut en s'abstenant
de l'hérédité, la légitime réservée aux autres. » Ces deux textes

régissaient la légitime, qui provenait du droit romain et qui, malgré l'influence que nos institutions coutumières avaient eue sur elle, gardait encore des traces de son origine. Ce sont ces deux textes dont nos adversaires veulent se servir pour interpréter l'article 913 et l'article 845 du Code Napoléon ; mais il est impossible de ne pas voir la différence profonde qui sépare la légitime, réglée par les articles 298 et 307 de la coutume de Paris, de la réserve dont s'occupent les articles 845 et 913 du Code Napoléon. Les partisans de la doctrine du cumul ont perdu de vue la transformation opérée par la loi du 17 nivôse an II, maintenue par la loi du 4 germinal an VIII et consacrée par le Code Napoléon ; c'est notre ancienne réserve coutumière qu'a adoptée le Code, et non la légitime. A la place d'une légitime portant sur une quote-part de biens attribuée individuellement à chacun des légitimaires, nous trouvons une réserve portant sur une quote-part de l'hérédité attribuée collectivement à tous les héritiers à réserve. L'article 913 détermine non la réserve, mais la portion que les libéralités entre vifs ou testamentaires ne pourront pas excéder, et il en était de même des dispositions de nos anciennes coutumes qui s'appliquaient à la réserve coutumière. L'article 292 de la coutume de Paris disait : « Toutes personnes saines d'entendement, âgées et usant de leurs droits, peuvent disposer par testament et ordonnance de dernière volonté, au profit de personnes capables, de tous leurs biens meubles, acquêts et conquêts immeubles, et de la cinquième partie de tous leurs propres héritages, et non plus avant, encore que ce fût pour cause pitoyable. » L'article 292 de la coutume d'Orléans était conçu dans le même sens. Ainsi les coutumes déterminaient principalement et directement le *quint* disponible, et ne disaient rien des autres quatre *quints;* ces quatre *quints* formaient donc la succession *ab intestat* et étaient soumis à toutes les règles concernant la dévolution et la répartition des successions *ab intestat*. L'analogie entre les textes qui établissaient les réserves coutumières et notre article 915 est donc complète, et nous pouvons appliquer à notre réserve ce que Pothier disait des réserves coutumières (1) : « Cette légitime coutumière des quatre quints des « propres diffère de la légitime du droit ; celle-ci est due aux en-« fants en leur qualité d'enfants, lesquels, en conséquence, peu-« vent l'avoir, au moins, *jure retentionis*, quoiqu'ils aient re-« noncé à la succession. Au contraire, la légitime coutumière est « due aux héritiers uniquement en leur qualité d'héritiers. C'est « pourquoi, entre plusieurs qui sont appelés à une succession, « ceux qui y renoncent pour se tenir à leur legs ne peuvent avoir « aucune part dans les quatre quints des propres, que la coutume « réserve aux héritiers. » Il nous semble donc que l'argument historique invoqué contre notre système n'est d'aucune valeur, puisque nous faisons ressortir des textes de nos anciennes coutumes que le système de la réserve tel que l'établit notre Code n'est que la reproduction de l'ancienne réserve coutumière.

Les partisans de la théorie du cumul reprochent à notre système de donner lieu à des fraudes et à des abus, de permettre à l'enfant de dénaturer le caractère de la libéralité qu'il a reçue et d'enlever au père de famille la faculté si précieuse de disposer de sa quotité disponible. Ce reproche est mérité, mais l'application des textes rend ces conséquences inévitables. La théorie du cumul, qui veut y remédier et qui autorise l'enfant renonçant à conserver la réserve et la quotité disponible, tombe dans des inconvénients bien plus graves. L'enfant renonçant, dans ce système, est traité bien plus favorablement que l'enfant préciputaire qui accepte ; car celui-ci ne peut retenir que le don jusqu'à concurrence de la quotité disponible, tandis que l'enfant qui n'est pas donataire par préciput convertira par sa renonciation sa donation simple en donation préciputaire, et retiendra en outre sa réserve ; certes, rien ne saurait être plus contraire au respect dû à la volonté du père de famille et au

_____

(1) Pothier, Introduction au t. XVI de la coutume d'Orléans, n° 53.

principe de l'égalité entre les enfants. Pour défendre leur théorie, nos adversaires invoquent le principe de l'irrévocabilité des donations entre vifs. Mais ce principe n'est pas moins respectable dans une donation faite à un étranger que dans une donation faite à un enfant; la donation faite à l'enfant qui renonce ne peut pas être maintenue plus que celle faite à un étranger; aucun texte ne nous autorise à permettre à l'enfant donataire simple de s'approprier par sa renonciation des avantages qui sont contraires à la volonté du père de famille et qui violent l'équité.

Nos adversaires se fondent sur ce qui avait lieu dans certaines de nos anciennes coutumes, au nombre desquelles étaient celles de Paris et d'Orléans, qui, tout en maintenant en principe l'égalité la plus parfaite entre les enfants héritiers, permettaient à l'enfant renonçant de retenir le don en avancement d'hoirie et de se faire ainsi une position plus avantageuse que ses frères et sœurs (1). Ce résultat n'avait rien que de raisonnable dans ces coutumes, où toutes dispositions préciputaires étaient prohibées; mais aujourd'hui, où notre Code autorise le père à disposer de sa quotité au profit d'un de ses enfants, ce détour n'a plus aucune raison d'être; en l'admettant, nous violerions la volonté du père de famille, qui, par son silence, a exprimé suffisamment qu'il ne voulait pas que l'enfant fût préciputaire.

Pour maintenir leur système, les partisans de la théorie du cumul ont prétendu qu'il y a deux sortes de quotités disponibles, l'une au profit des étrangers, l'autre au profit des enfants du disposant, laquelle comprend la quotité disponible ordinaire, et, en outre, la part de réserve de l'enfant donataire ou légataire. Cette affirmation aurait besoin d'être prouvée, et il est impossible de trouver dans les articles du Code Napoléon qui régissent notre matière, aucune trace de cette seconde quotité disponible. On nous oppose l'article 845. Cet article, dit-on, a été introduit en faveur de l'héritier réservataire renonçant, et

(1) Pothier, Traité des Successions, ch. IV, art. III, § 2.

on prétend que, en ne lui donnant que le droit de retenir la quotité disponible ordinaire, nous lui refusons la faveur que le législateur lui accorde. Il n'est pas difficile de démontrer que, même dans notre interprétation, l'article 845 présente de grands avantages à l'enfant renonçant. En effet, n'est-ce pas une faveur que de permettre à l'enfant de retenir un don qui ne lui a été fait qu'en avancement d'hoirie, c'est-à-dire un don qui semblait avoir pour condition la qualité d'héritier que prendrait l'enfant en acceptant la succession de son père donateur? La faveur de l'article 845, dans notre système, est encore plus évidente toutes les fois qu'il y a plus de quatre enfants, car, dans ce cas, l'enfant renonçant, au lieu de partager la succession avec ses frères et sœurs et de n'avoir qu'un cinquième ou un sixième, prend le quart qui forme la quotité disponible. Le sens que doit avoir l'article 845 résulte clairement de l'art. 844, dans lequel tout le monde convient qu'il s'agit de la quotité disponible telle que l'établit l'article 913. Il est impossible de conclure d'une petite différence dans la formule, que dans deux articles qui se suivent immédiatement le législateur ait voulu donner aux mêmes mots deux acceptions différentes.

Nos adversaires déduisent encore la seconde quotité disponible de l'article 919, qui, disent-ils, est le complément de l'article 845. Il nous est impossible de trouver aucune analogie entre ces deux articles. L'article 845 s'occupe d'un héritier réservataire qui renonce à la succession à laquelle il a droit pour s'en tenir à une libéralité antérieure qui lui a été faite sans dispense de rapport. L'article 919 a en vue un héritier réservataire qui a reçu un don ou un legs à titre de préciput et qui accepte la succession. Les deux hypothèses sont loin de se ressembler. La combinaison de l'article 919 avec les articles 843, 844 et 845, justifie, au contraire, notre système. Si l'enfant renonce à la succession, peu importe la qualité de sa donation ; il est traité comme étranger, puisqu'il a perdu le titre d'héritier, et l'article 845 lui est applicable. Il pourra donc garder toute la portion disponible. Si l'enfant accepte la succession, ou il est préciputaire, alors nous lui appliquerons l'article 844 combiné avec l'article 919; ou il est donataire sans dispense de rapport, alors sa qualité d'héritier l'emporte sur celle de donataire, et il rapporte à la masse les biens qu'il a reçus (art. 843).

On a voulu tirer argument, pour la seconde quotité disponible, du commencement de l'article 921 : « La réduction ne pourra être demandée que par ceux au profit desquels la loi fait la réserve. » On prétend que, d'après ces mots, chacun des enfants n'a droit qu'à sa part de réserve, et que chacun des enfants acceptants ne peut demander au donataire que sa part individuelle de réserve. Si donc le donataire est un des enfants, il conservera, même en renonçant, sa part de réserve en sus de la quotité disponible. Cet argument repose sur l'idée que notre Code attribue divisément à chacun des enfants sa part de réserve. Dans notre ancien droit, la légitime avait ce caractère individuel; mais la réserve organisée par notre Code est bien différente. Nos adversaires ne tiennent aucun compte de l'article 913, d'après lequel la réserve est une masse de biens déclarée indisponible, et cette réserve n'est attribuée directement à personne; elle est réglée par le principe des successions *ab intestat*. On nous objecte que la réserve, quoique attribuée collectivement à tous les héritiers, n'en doit pas moins être partagée entre eux dans la proportion de leurs parts viriles. Il est vrai; mais l'enfant renonçant n'est pas appelé à recueillir la succession précisément parce qu'il n'a plus la qualité d'héritier; sa renonciation lui a enlevé la vocation héréditaire qu'il avait de venir au partage de la succession réservée.

Les partisans du cumul ont encore invoqué en faveur de leur doctrine l'article 924. Nous croyons pouvoir donner à cette objection les mêmes réponses que nous avons opposées à l'argument qu'on a voulu tirer de l'article 919. L'hypothèse prévue

6

par l'article 924 est étrangère à la question dont nous nous occupons. Il s'agit, dans cet article, d'une donation réductible faite à un cohéritier à réserve qui est autorisé à retenir sa part dans les biens indisponibles, sur les biens donnés, au lieu de subir la réduction en nature. C'est une question de partage que résout notre article, et, pour qu'il puisse y avoir lieu à partage, il faut supposer nécessairement un héritier acceptant.

Les raisons par lesquelles nous avons combattu le système du cumul nous autorisent à former la conclusion que l'héritier réservataire qui renonce, pour s'en tenir à une libéralité qui lui a été faite, perd tout droit à la réserve et ne peut retenir son don, comme étranger, que jusqu'à concurrence de la quotité disponible (1).

En terminant, il est utile de jeter un coup d'œil sur les variations de la jurisprudence dans cette question célèbre. La Cour de cassation commença par consacrer la doctrine qui décide que le réservataire perd, par sa renonciation, tout droit à la réserve, dans un arrêt rendu le 18 février 1818, sur le rapport de M. le conseiller Porriquet, arrêt devenu célèbre sous le nom d'arrêt Laroque de Mons. Malheureusement, cet arrêt contenait dans ses motifs un principe dont nous essayerons plus tard de démontrer l'inexactitude. Il décidait que la portion disponible est fixée invariablement par le nombre des enfants existants au décès du disposant, et que la part de l'enfant renonçant dans la réserve accroît aux enfants acceptants. Cette théorie est en contradiction manifeste avec le principe d'après lequel l'enfant

(1) Duranton, t. VII, n°s 251, 259, et t. VIII, n°s 298, 299 ; Vazeille, art. 845, n° 4 ; Grenier, t. II, n° 266 *bis* ; Saintespès-Lescot, art. 913 ; Zachariæ, Aubry et Rau, t. V, § 682, texte et note 2 ; Duvergier et Toullier, t. V, n° 110 ; Valette, *le Droit* du 17 déc. 1845, et *Revue du droit français et étranger*, t. I, p. 630 ; Marcadé, sur les art. 913 et 914, n° 4, et sur l'art. 919, n°s 43 et 4 ; Vernet, De la quotité disponible, p. 391 et suiv.; Demolombe, Traité des Donations entre vifs et des Testaments, t. II, n°s 44-69.

donataire renonçant ne peut retenir sur les biens donnés que la quotité disponible. D'après ce principe, en effet, on le regarde comme étranger à la succession, et, en décidant qu'il doit être compté pour le calcul de la réserve, on le traite comme un héritier. Il est d'autant plus regrettable que cette erreur se soit glissée dans l'arrêt de 1818, qu'il n'était nullement nécessaire d'y agiter la question de savoir si l'enfant renonçant devait être compté ou non, car, dans l'espèce, il y avait plus de trois acceptants ; de sorte que le résultat était le même, soit que le renonçant fût compté, soit qu'il ne fût pas compté.

A la suite de l'arrêt de Laroque de Mons parut un nouveau système qui enseignait que l'enfant donataire qui renonce peut retenir la réserve et ensuite la quotité disponible, mais de manière seulement à ce que la valeur totale de la donation par lui retenue ne dépasse pas la quotité disponible. Les partisans de ce système se fondaient sur l'idée que la donation en avancement d'hoirie n'est qu'une remise anticipée de la part héréditaire de l'enfant, et que celui-ci, en renonçant, ne peut dénaturer le caractère de cette libéralité. Or, en imputant sur la réserve la libéralité faite à l'enfant, on l'empêche d'anéantir, par sa renonciation, des libéralités postérieures qu'a pu faire le défunt, et on respecte ainsi la volonté du père de famille. Cette théorie, contraire aux principes et aux textes du Code Napoléon, puisqu'elle crée une seconde quotité disponible que nos lois, nous l'avons démontré, n'ont nulle part établie, fut néanmoins consacrée par les arrêts de la Cour de cassation du 11 août 1829 et du 25 mars 1834. Une fois engagée dans cette voie, la Cour suprême ne tarda pas à y faire un pas de plus, et, abandonnant la doctrine énoncée dans l'arrêt Laroque de Mons, elle se déclara ouvertement, dans l'arrêt du 17 mai 1845, pour le système du cumul, d'après lequel l'enfant renonçant peut retenir en même temps la réserve et la quotité disponible tout entière. La Cour de cassation a maintenu longtemps cette théorie ; mais des décisions d'un grand nombre de Cours impériales ont prouvé que l'opinion que nous avons adoptée n'était pas dépourvue de partisans. Enfin, dans un arrêt solennel rendu par les chambres réunies le 17 novembre 1863, la Cour de cassation, abandonnant sa jurisprudence de 1845, est revenue à la décision de 1818, et a décidé que l'enfant renonçant ne peut pas cumuler sa réserve et la quotité disponible, et que la libéralité qu'il a reçue en avancement d'hoirie est imputable exclusivement sur la quotité disponible.

SECTION II.

Des personnes auxquelles la loi accorde la réserve.

Le Code Napoléon n'accorde de réserve qu'aux ascendants et aux descendants (art. 913, 914 et 915). L'article 916, en déclarant qu'à défaut d'ascendants et de descendants, les libéralités par actes entre vifs ou testamentaires pourront épuiser la totalité des biens, exclut les parents collatéraux, même les frères et sœurs, de toute prétention à une réserve. Dans les discussions qui eurent lieu au Conseil d'État sur notre titre, la question de savoir s'il n'était pas nécessaire d'établir une réserve au profit des frères et sœurs du défunt et de leurs descendants fut controversée. La section de législation présenta un article dans ce sens. Voici les termes de cet article : « A défaut de descendants et d'ascendants, s'il y a, au temps du décès, des frères ou sœurs, ou des descendants d'eux, la loi leur réserve le quart de ce qui leur reviendrait s'il n'y avait pas de donation entre vifs ou testamentaire, sans néanmoins qu'à raison de cette réserve les donataires entre vifs autres que les successibles puissent être en tout ou en partie évincés des biens à eux donnés (1). » Ce projet d'article fut rejeté sur les observations du Tribunat, et il nous semble que c'est fort justement que le législateur a limité le droit de réserve aux parents en ligne directe, car si les biens du frère ou de la sœur décédés proviennent du chef originaire de la famille, les frères et sœurs ont eu leur part au moment où la succession de l'auteur commun a été partagée, et il n'y a aucune raison pour leur accorder le droit de limiter par une réserve le droit de libre disposition de leur frère ou sœur. Si, au contraire, les biens du défunt proviennent de son travail, il serait bien rigoureux de lui enlever le droit de disposer de biens qu'il ne doit qu'à lui-même. Le projet, du reste, contenait une injustice flagrante : il permettait à un frère de donner tout son patrimoine à un étranger, et ne déclarait réductibles que les donations faites par le frère et la sœur à son frère ou à sa sœur. Cependant, en refusant toute réserve aux collatéraux, les rédacteurs ont introduit dans notre Code une anomalie étrange. Au titre des successions, les frères et sœurs et leurs descendants concourent avec le père et la mère et excluent les ascendants du deuxième degré (art. 748, 749); tandis qu'au titre des donations, les frères et sœurs n'ont pas de réserve, et les ascendants à quelque degré que ce soit en ont une. Nous nous occuperons d'abord de la réserve des descendants, puis de la réserve des ascendants; ensuite nous étudierons la question de savoir si leur réserve doit être accordée à l'enfant naturel dans la succession de ses père et mère, et aux père et mère naturels dans la succession de leur enfant.

§ 1. — De la réserve des descendants.

La section de législation, chargée de faire un rapport sur la combinaison de la loi de germinal an VIII avec les lois anté-

(1) Fenet, t. XII, p. 254 et 299.

rieures, proposa de donner à la réserve une quotité invariable, les trois quarts aux descendants, la moitié aux ascendants. Une longue discussion intervint; presque chaque conseiller d'État proposait un système différent. On adopta celui du consul Cambacérès, qui se trouve formulé aujourd'hui dans les articles 913 et 914. « Les libéralités, soit par actes entre vifs, soit par tes- « tament, ne pourront excéder la moitié des biens du disposant « s'il ne laisse à son décès qu'un enfant légitime; le tiers, s'il « laisse deux enfants; le quart, s'il en laisse trois ou un plus « grand nombre. Sont compris, dans l'article précédent, sous le « nom d'enfants, les descendants en quelque degré que ce soit; « néanmoins ils ne sont comptés que pour l'enfant qu'ils repré- « sentent dans la succession du disposant. » En indiquant la portion de laquelle toute personne ayant des enfants peut disposer, la loi détermine le chiffre de la réserve; la quotité disponible étant de la moitié, du tiers ou du quart, la réserve sera nécessairement de la moitié, des deux tiers ou des trois quarts.

Cette réserve est attribuée non-seulement aux enfants au premier degré, mais aux petits-enfants et à tous les descendants d'un degré plus éloigné. L'application de l'article 914 ne souffre aucune difficulté lorsqu'il s'agit de la représentation telle qu'elle a été réglée par les articles 739 et suivants. Ainsi, un homme laisse pour héritiers un enfant et des petits-enfants issus d'un enfant prédécédé : ces petits-enfants compteront tous pour une tête; la réserve sera des deux tiers : un tiers sera attribué à l'enfant survivant, l'autre tiers sera partagé entre les enfants de l'enfant prédécédé Le résultat sera le même si les deux enfants du *de cujus* étaient morts avant lui, laissant chacun des descendants en nombre égal ou inégal et à des degrés égaux ou inégaux : ces descendants formeront deux souches; chacune prendra une moitié de la réserve.

Mais qu'arrivera-t-il si les petits-enfants viennent à la succession de leur aïeul sans le secours de la représentation et de leur chef? Par exemple, le *de cujus* laisse trois petits-enfants d'un fils, ou d'une fille unique, ou d'un enfant qui lui a survécu, mais qui renonce ou qui est exclu de la succession comme indigne? La réserve sera-t-elle calculée d'après le nombre des petits-enfants, ou ne sera-t-elle que de moitié comme si l'enfant lui-même était reçu à la succession? M. Levasseur, un des premiers auteurs qui aient écrit sur la quotité disponible, a soutenu que la réserve devait être calculée d'après le nombre des petits-enfants. « L'art. 914 », dit-il, « renferme deux disposi-« tions : l'une qui, par sa corrélation avec l'article précédent, at-« tribue le droit de réserve aux petits-enfants aussi bien qu'aux « enfants ; l'autre qui décide, il est vrai, que les petits-enfants « ne sont comptés que pour l'enfant qui est leur auteur, mais seu-« lement lorsqu'ils le représentent dans la succession du dispo-« sant. Or, dans l'espèce supposée, les descendants viennent à « la succession de leur chef sans avoir besoin de la représenta-« tion ; donc, c'est d'après leur nombre que le montant de la ré-« serve doit être déterminé (1). » Ce système n'a été admis ni par la doctrine ni par la jurisprudence. Il est vrai que dans notre ancien droit la légitime était fixée d'après le nombre des petits-enfants lorsqu'ils ne venaient point par représentation (2); mais cette doctrine était loin d'être universellement suivie, même dans les provinces de droit écrit.

Quant à l'art. 914 du Code Napoléon, les deux dispositions qu'il contient ne peuvent avoir la portée que leur donne M. Levasseur. La seconde partie de l'article se rapporte aux descendants que le commencement de l'article a appelés à prendre part à la réserve ; les mots « qu'ils représentent » ne sont pas pris dans le sens technique tel qu'il est défini par l'art. 739 ; il ne

(1) Levasseur, Portion disponible, n° 39.

(2) Lebrun, Des Successions, liv. II, ch. III, sect. 3, n° 2 ; Serres, Instit. au droit français, liv. II, t. XVIII, p. 298.

signifie autre chose que : l'enfant dont ils sont issus, qu'ils remplacent.

Le système que nous combattons conduit à des conséquences inadmissibles : Le *de cujus* meurt laissant six petits-fils de deux fils prédécédés ; les petits-fils viendront par représentation ; leur réserve sera des deux tiers. Au contraire, si le *de cujus* meurt laissant trois petits-fils d'un enfant unique prédécédé, les petits-fils viendront de leur chef, et leur réserve sera des trois quarts ; les trois petits-fils nés d'un fils prédécédé auraient une réserve plus considérable que six petits-fils issus de deux fils également prédécédés. La théorie de M. Levasseur peut, en outre, donner lieu à des calculs frauduleux. Le fils unique qui a lui-même quatre enfants renoncerait à la succession ; les enfants acceptent la succession, et la réserve, au lieu d'être de la moitié, se trouve être des trois quarts (1).

Les art. 913 et 914 n'établissent la réserve que pour les enfants légitimes et leurs descendants ; mais il est évident que les dispositions de ces deux articles doivent être étendues aux enfants légitimés et à leurs descendants, car l'art. 333 leur accorde les mêmes droits que s'ils étaient nés du mariage.

Il n'est pas douteux non plus que l'enfant adoptif ait droit à une réserve ; l'art. 350 lui attribue sur la succession de l'adoptant les mêmes droits que ceux qu'y aurait l'enfant né en mariage. Mais les opinions sont très-divisées sur le point de savoir sur quels biens peut s'exercer le droit de l'enfant adoptif. M. Delvincourt se fonde sur les termes de l'art. 350, « il aura sur la succession », pour restreindre l'action en réduction de l'adopté aux dispositions testamentaires (2). Cette interpréta-

(1) Delvincourt, t. II, p. 218 ; Toullier, t. V, n° 102 ; Duranton, t. VIII, n° 290 ; Troplong, t. II, n° 797 ; Vernet, p. 375 et suiv.; Demolombe, t. II, n° 77.

(2) T. I, p. 96, note.

tion de l'art. 350 ne nous parait pas exacte. La loi assimile l'enfant adoptif à l'enfant légitime. Or, l'enfant légitime a le droit d'exercer sa réserve non-seulement sur les biens qu'il trouve dans la succession de son père, mais aussi sur ceux qui en sont sortis par l'effet de libéralités entre vifs. D'ailleurs, en refusant à l'enfant l'action en réduction contre les libéralités entre vifs, on lui refuse implicitement la réserve ; il n'aura au-cun moyen de faire valoir ses droits si l'adoptant garde le droit de disposer de tout son patrimoine par des donations entre vifs que l'adopté ne pourra faire réduire. Enfin, nous pouvons invoquer l'art. 922, qui nous dit que la succession, quant au calcul de la réserve, se compose tant des biens existants au décès du donateur ou testateur que de ceux dont il a disposé par actes entre vifs (1).

D'autres auteurs admettent l'adopté à faire réduire les dona-tions postérieures à l'adoption, mais lui refusent le droit d'atta-quer celles faites antérieurement à l'adoption. On se fonde, dans cette opinion, d'abord sur le principe de l'irrévocabilité des donations entre vifs, puis sur l'art. 960, en vertu duquel les donations entre vifs ne sont pas révoquées par une adoption postérieure. Le principe de l'irrévocabilité des donations entre vifs ne nous semble pas pouvoir être invoqué pour refuser à l'adopté le droit d'attaquer l'action des donations antérieures à l'adoption. Toute donation entre vifs contient implicitement la condition qu'elle ne nuira pas à ceux au profit desquels la loi établit la réserve ; le contrat d'adoption ne peut pas être regardé comme un acte émané de la seule volonté de l'adop-tant : ce contrat exige la réunion d'un grand nombre d'autres conditions indépendantes de la volonté de l'adoptant, et n'est

(1) Duranton, t. III, n° 3117, et t. VIII, n° 581 ; Duvergier sur Toullier, t. II, n° 1011, note 1 ; Valette sur Proudhon, t. II, p. 222 ; Marcadé, art. 350, n° 2 ; Vernet, p. 351 et suiv.; Demolombe, t. II, n° 82 et suiv.

consommé que par l'inscription qui doit en être faite sur les registres de l'état civil, inscription qui confère à l'enfant adopté les mêmes droits sur la succession de l'adoptant que ceux qu'y aurait eus un enfant né en mariage. Quant à l'argument tiré de l'art. 960, il nous semble que la révocation qui s'opère de plein droit au profit du donateur même ne saurait être mise sur la même ligne que l'action en réduction exercée par l'enfant réservataire. Quand une personne ayant des enfants fait une donation entre vifs, cette donation ne sera pas révoquée par la survenance de nouveaux enfants ; mais elle pourra être soumise à la réduction, si elle dépasse la quotité disponible ; il en sera de même dans le cas d'adoption. Nous pensons donc que l'adopté a le droit d'exercer l'action en réduction tant contre les dispositions testamentaires que contre les donations entre vifs antérieures à l'adoption et contre les donations entre vifs postérieures.

L'adopté n'a pas de réserve sur les biens des parents de l'adoptant, puisque l'adoption ne crée aucun lien civil entre l'adopté et les parents de l'adoptant; mais les enfants de l'adopté ont-ils droit à une réserve dans la succession de l'adoptant, sont-ils appelés à la succession *ab intestat?* Nous admettrons sans hésitation la négative. L'art. 350 est muet sur les descendants de l'adopté, et dans une institution qui ne repose que sur la volonté du législateur nous ne pouvons introduire d'autres rapports juridiques que ceux établis par la loi même. On a invoqué, dans l'opinion contraire, l'autorité du droit romain; mais les différences entre l'adoption telle qu'elle existait à Rome et l'adoption organisée par le Code Napoléon sont trop grandes pour qu'on puisse emprunter un principe de l'adoption romaine pour régler une question de l'adoption française. On nous objecte encore l'art. 351, qui déclare que l'existence de descendants de l'adopté fait, comme celle de l'adopté lui-même, obstacle à ce que l'adoptant recueille les choses par lui données, et l'art. 352, aux termes duquel l'adoptant vient, comme héritier des enfants de l'adopté, recueillir dans leur succession les choses par lui données à leur père. Mais dans l'art. 351 les descendants de l'adopté recueillent dans la succession de leur père des biens qui lui étaient acquis, ce qui n'établit aucun rapport juridique entre eux et l'adoptant; et dans l'art. 352, il s'agit d'une succession anomale établie expressément en faveur de l'adoptant, et qui ne suffit pas pour fonder un droit de succession pour les enfants de l'adopté.

Merlin distingue entre les enfants de l'adopté, et n'accorde le droit de succéder à l'adoptant qu'à ceux qui sont nés postérieurement à l'adoption (1); sa décision se fonde sur l'art. 347, et sur ce que les enfants nés postérieurement à l'adoption sont les seuls qui portent le nom de l'adoptant. Cette distinction ne saurait être admise ; il ne suffit pas de porter le nom d'une personne pour avoir des droits à sa succession. L'adopté lui-même ne porte-t-il pas le nom du père de l'adoptant? et cependant personne ne pense à lui accorder des droits sur sa succession. Nous concluons donc que les enfants de l'adopté ne deviennent pas civilement les petits-enfants de l'adoptant, et qu'ils n'ont aucun droit de réserve sur son hérédité (2).

Nous avons vu que c'est le nombre des enfants d'après lequel la loi détermine le montant de la réserve; il est donc nécessaire que nous examinions quels enfants doivent être comptés. Un point sur lequel tout le monde est d'accord, c'est que les enfants qui sont incapables de succéder au *de cujus* ne doivent jamais être comptés; tels sont : l'enfant qui n'était pas encore conçu au moment de l'ouverture de la succession, l'en-

---

(1) Questions de droit, v° Adoption, § 7.

(2) Delvincourt, t. I, p. 96, note 6; Grenier, De l'Adoption, n° 37 ; Zachariæ, Aubry et Rau, § 560, note 6; Vernet, p. 355 et suiv.; Demolombe t. VI, n° 139-141.

fant qui est mort avant l'ouverture de la succession et qui n'a pas laissé de descendants qui puissent le représenter; de même, avant la loi du 31 mai 1854, l'enfant qui avait encouru une peine emportant mort civile. Quant aux enfants qui renoncent ou qui sont exclus de la succession comme indignes, les opinions sont très-divisées.

Un grand nombre d'auteurs soutiennent que l'enfant renonçant doit toujours être compté pour la fixation de la réserve, et leur opinion est très-accréditée dans la jurisprudence. Nous ne croyons cependant pas que ce système soit conforme aux principes qui régissent notre matière; nous pensons, au contraire, que l'enfant renonçant ou indigne ne doit jamais être compté pour déterminer le montant de la réserve.

Nos adversaires se fondent sur les termes de l'art. 913 : « s'il ne laisse à son décès qu'un enfant légitime...., s'il laisse deux enfants, » termes qui comprennent tous les enfants renonçants et acceptants. Cette interprétation ne nous semble pas exacte. Le mot « laisse », dans l'art. 913, n'a pas le sens qu'on veut lui attribuer; il doit signifier, comme dans tant d'autres articles relatifs aux successions, « laissé comme héritier » (Art. 746, 748, 749, 750, 757, 758). L'art. 922 nous dit expressément que la quotité disponible doit être calculée d'après la qualité des héritiers que laisse le disposant. La pensée du législateur a été d'établir une certaine proportion entre la réserve et les héritiers réservataires. En comptant, pour déterminer la réserve des enfants qui ne doivent pas venir au partage, qui, par le fait de leur renonciation ou de leur indignité, ont perdu tout droit à la succession; en attribuant à un seul enfant une réserve des deux tiers ou des trois quarts, parce qu'il a un ou deux frères qui renoncent, on viole non-seulement la logique, mais aussi l'équité; car il n'y a aucune raison pour calculer la réserve comme pour trois enfants quand elle ne doit être prise que par un seul. Il est impossible que la loi ait voulu limiter le droit de disposer en faveur de personnes qui n'en tireraient aucun profit.

Nos adversaires nous objectent que la réserve est attribuée en masse à tous les enfants collectivement, comme la succession totale. Or, d'après l'art. 786, la part de l'héritier renonçant accroît à ses cohéritiers; de même, la part de l'héritier réservataire renonçant doit accroître à ses coréservataires acceptants. Il est certain que la réserve est une portion de la succession *ab intestat;* mais, pour admettre le droit d'accroissement de l'art. 786, il faut nécessairement supposer une masse invariable qui demeurera la même, que les successibles y renoncent ou l'acceptent; or cette condition manque quant à la réserve des enfants. Dans la succession, le droit d'accroissement s'opère au profit de l'héritier qui accepte quand tous les autres renoncent, parce qu'il avait une vocation à la masse entière; cette vocation directe n'existe dans la personne d'un enfant que pour la réserve de moitié. Si ses deux frères n'avaient pas existé, il n'aurait pas eu droit à une réserve de trois quarts; il est impossible qu'il invoque le droit d'accroissement pour réclamer une part à laquelle il n'avait aucun droit personnel. Le système que nous combattons conduit à un résultat impossible, car il faudrait, pour être logique, décider que, même dans le cas où les enfants renonceraient, la réserve, une fois fixée d'après le nombre des enfants acceptants ou renonçants, devra rester la même et passer invariable dans sa quotité aux héritiers des ordres subséquents; car l'art. 786 ne se borne pas à dire que la part du renonçant accroît à ses cohéritiers, il ajoute : « S'il est seul, elle est dévolue au degré subséquent. » Il faudrait donc admettre la dévolution de la réserve des enfants au profit des ascendants ou même des collatéraux, ou bien on sera forcé d'appliquer la première partie de l'art. 786 et de rejeter la seconde. Voilà les conséquences où nous conduit la doctrine de nos adversaires. Le dernier argument invoqué par les partisans de l'opinion adverse consiste à dire qu'il résulte des art. 913, 915, 920, 921, que la quotité de la réserve est fixée invariablement d'après la composition de la famille du défunt lors de l'ouverture de la succession. Nous répondrons à cette objection que ces articles ne fixent l'époque du décès pour déterminer la quotité disponible et la réserve qu'afin d'établir une distinction entre les questions de capacité personnelle, comme dans les donations entre vifs et les testaments, et les questions de disponibilité réelle. L'établissement même de la réserve n'est pas fixé d'après la composition de la famille au moment du décès, puisque des renonciations pourraient venir changer les vocations héréditaires et appeler des ascendants ou des collatéraux à la place des enfants ; pourquoi ce même principe ne s'appliquerait-il pas à la fixation de la quotité de la réserve (1)?

Quant à l'enfant indigne, quelques auteurs décident qu'il doit toujours être compté ; d'autres distinguent : si la cause de l'indignité est antérieure à l'ouverture de la succession, l'enfant indigne ne sera pas compté ; si elle est postérieure, il sera compté. Cette distinction nous semble inadmissible, car l'exclusion pour indignité n'a jamais lieu de plein droit : elle ne peut résulter que d'une demande formée après le décès du disposant.

Nous pouvons donc conclure que l'enfant qui renonce, de même que celui qui est déclaré indigne, reste étranger à la succession et ne doit pas être compté pour déterminer le montant de la réserve.

---

(1) Duvergier sur Toullier, t. V, n° 109, note 1 ; Marcadé, art. 913 et 913, n° 5 ; Bugnet sur Pothier, t. I, p. 374, n° 4 ; Lagrange, Revue de droit français et étranger, 1844, t. V, p. 127 et suiv.; Ginoulhiac, même Revue, 1846, t. III, p. 460; Vernet, p. 82 et suiv.; Demolombe, t. II, n°s 97 et suiv.

§ 2. — De la réserve des ascendants.

A défaut de descendants, la loi attribue une réserve aux ascendants légitimes de la ligne paternelle et maternelle ; la division opérée par la loi entre les deux lignes et le mode de partage qu'elle indique pour le cas où les ascendants se trouvent en concours avec des collatéraux prouvent que notre article n'a eu en vue que les ascendants légitimes ; nous verrons bientôt quelle réponse il faudra donner à la question de savoir si les père et mère naturels ont droit à une réserve sur les biens de leurs enfants naturels.

La réserve des ascendants est fixée invariablement à la même quotité ; elle est d'un quart des biens pour chacune des deux lignes, quel que soit le nombre ou le degré de ceux qui viennent la recueillir ; et remarquons que cette réserve est attribuée à chaque ligne d'une façon distributive. Ainsi, s'il existe un ascendant paternel et un ascendant maternel, la réserve sera de la moitié ; s'il existe deux ou trois ascendants dans une même ligne et qu'il n'en existe point dans l'autre, la réserve ne sera que du quart ; les ascendants d'une ligne ne peuvent jamais réclamer par droit d'accroissement le quart que la loi attribue à l'autre ligne, si les ascendants de cette ligne sont renonçants ou indignes, ou s'ils sont décédés.

Dans la plupart des cas, les ascendants auront pour réserve la moitié de leur portion *ab intestat ;* cependant, il arrivera aussi que l'ascendant ait une réserve moindre que la moitié de sa portion héréditaire, ou bien que sa réserve soit égale à la totalité de sa part *ab intestat ;* par exemple, un père est appelé à la succession de son fils avec des collatéraux non privilégiés : le père aura droit à la moitié de la succession, c'est-à-dire à la part qui est attribuée à une ligne, plus à l'usufruit du tiers de la part attribuée à la ligne à laquelle il est étranger ; cependant, sa réserve ne sera que du quart des biens. Si le père se trouve en concours avec des frères et des sœurs du *de cujus*, la portion que la loi leur attribue est du quart des biens, et c'est ce quart aussi qui forme leur réserve. Quelques auteurs (1) s'opposent à ces résultats. D'après eux, la réserve se composerait, dans le premier de nos deux exemples, d'un quart en propriété et d'un douzième en usufruit, et dans le second elle serait restreinte à un huitième de toute la succession. Cette opinion est inadmissible : elle viole ouvertement les termes de l'art. 915, qui décide que la réserve est du quart des biens pour chacune des deux lignes.

La disposition finale de l'art. 915 donne à l'ascendant le droit de compléter sa réserve avant que les collatéraux qui sont appelés avec lui aient rien à prétendre. Supposons une succession de 100,000 fr. dévolue à un aïeul paternel et à un cousin maternel. Le défunt a disposé de 60,000 fr., les 40,000 fr. restants seront à partager entre l'aïeul et le cousin ; l'aïeul, suivant notre décision, prendra 25,000 fr., montant de sa réserve, et le cousin 15,000 fr. Si le défunt avait disposé de 75,000 fr., les collatéraux n'auraient rien à prétendre. M. Levasseur n'est pas de cet avis ; il accorde au cousin de prendre la moitié des 40,000 fr., sauf à l'ascendant à se procurer les 5,000 fr. qui manquent à sa réserve par la réduction des dons et legs (2). Cette doctrine ne saurait être admise ; le dernier alinéa de l'art. 915 a été ajouté, sur les observations du Tribunat, précisément pour repousser les prétentions des collatéraux ; d'ailleurs, en suivant le système de M. Levasseur, on arriverait à attribuer aux collatéraux le profit d'une action en

---

(1) Levasseur, De la Portion disponible, 50 et 51 ; Delvincourt, t. II, p. 213 et 214.

(2) De la Portion disponible, n° 52.

réduction que le législateur n'a établi qu'en faveur des ascendants.

La réserve appartient, dans chaque ligne, à l'ascendant qui se trouve au degré le plus proche, à l'exclusion de tous autres ; les ascendants au même degré partagent par tête la réserve affectée à leur ligne.

Du principe que la réserve est une portion de la succession *ab intestat,* il suit que, pour y prétendre, il faut avoir la qualité d'héritiers ; la réserve n'existe pas pour ceux qui ne sont pas dans l'ordre et le degré appelés à succéder ; c'est ce que la loi nous dit elle-même en ces termes : « Les biens réservés aux ascendants sont par eux recueillis dans l'ordre où la loi les appelle à succéder. » Donc, les père et mère n'ont droit à la réserve que si le défunt n'a pas laissé d'enfants, et les ascendants autres que père et mère n'auront point de réserve lorsque le *de cujus* a laissé des frères et sœurs ou descendants d'eux.

Mais qu'arrivera-t-il si les enfants ou les frères et sœurs qui font obstacle à la réserve des père et mère et des ascendants d'un degré plus éloigné sont tous renonçants ou indignes? Nous donnerons sur ce point la même décision que nous avons donnée sur la question de savoir si les enfants renonçants doivent être comptés pour le calcul et le montant de la réserve, et nous déciderons que les enfants ou les frères et sœurs n'empêchent les père et mère ou les ascendants d'avoir droit à une réserve qu'autant qu'ils viennent à la succession. L'art. 915, en déterminant la quotité disponible, laisse la réserve dans la succession *ab intestat*, et se réfère, pour la dévolution des biens réservés, aux règles du titre des successions. Aux termes des art. 746 et 753, si le défunt n'a laissé ni postérité, ni frères et sœurs, ni descendants d'eux, la succession se divise par moitié entre les ascendants de la ligne paternelle et les ascendants de la ligne maternelle, et, à défaut de frères et sœurs ou de descendants d'eux, et à défaut d'ascendants dans l'une ou l'autre

ligne, la succession est déférée par moitié aux ascendants sur-
vivants. Les ascendants sont donc héritiers quand le défunt n'a
laissé ni descendants ni frères et sœurs ou descendants d'eux. Il
est incontestable que les mots « laissé des frères et des sœurs »
ne peuvent désigner que les successibles qui viennent à la succession, puisque l'art. 785 déclare que le renonçant est censé
n'avoir jamais été héritier, et que, d'après l'art. 786, sa part,
s'il est seul, est dévolue au degré subséquent. Dans ce cas de
renonciation, les ascendants seront toujours héritiers, et puisqu'ils sont héritiers, ils ont droit à la réserve.

Il nous reste à résoudre une question qui se rattache à celle
qui précède, c'est à savoir si l'aïeul a une réserve lorsque le
frère est privé de la totalité des biens héréditaires par des dispositions à titre gratuit. Ici, une distinction est nécessaire : ou
le défunt a fait des legs à titre particulier ou à titre universel,
ou il a fait un legs universel.

Dans le premier cas, tout le monde pense que l'ascendant a
le droit de réclamer sa réserve en cas de renonciation du frère.
En effet, le frère est héritier et, comme tel, saisi de la succession ; s'il renonce, l'ascendant prend sa place et doit être admis
à faire valoir ses droits.

Le second cas, celui où le frère est dépouillé par une disposition universelle, a donné lieu à une controverse très-
vive. Il nous semble que la seule opinion conforme aux textes
consiste à dire que l'ascendant a droit à sa réserve, indépendamment de toute renonciation du frère. Le frère exclu par la
volonté du défunt est entièrement écarté de la succession ; la
loi lui refuse la saisine (art. 1006). Le légataire universel se
trouve donc en présence de l'ascendant, auquel la loi assure
une partie de la succession, et qui, en vertu de l'art. 1004, est
saisi de tous les biens de la succession. Ce système nous paraît
être conforme aux textes de la loi, qui veut que les libéralités
entre vifs ou à titre gratuit ne puissent épuiser la totalité des

biens qu'au cas où le défunt ne laisse ni ascendants ni descendants (art. 916).

Le législateur a été conséquent en donnant la préférence au légataire universel quand il est en concours avec des frères et des sœurs : le lien qui unit les frères et sœurs n'est pas aussi fort aux yeux de la loi que celui qui existe entre les ascendants et les descendants, et qui a fait établir entre eux la dette alimentaire, dont la réserve est la sanction ; il est donc naturel que les aïeuls soient préférés jusqu'à une certaine quotité de biens au légataire universel (1).

Jusqu'ici nous n'avons parlé que du droit de succession ordinaire des ascendants ; mais il existe pour l'ascendant donateur un autre droit établi par l'art. 747, et connu sous le nom de droit de retour légal, de succession anomale. Notre ancienne législation avait admis ce droit ; dans les pays de droit écrit, il était assimilé au retour conventionnel, il faisait rentrer les biens dans les mains du donateur comme s'ils n'en étaient jamais sortis. Dans les pays de coutume, au contraire, l'ascendant donateur était regardé, quant aux biens donnés, comme un successeur universel, et la plupart des auteurs avaient admis qu'une réserve devait lui être accordée sur ces mêmes biens. Le Code Napoléon a consacré au droit de retour légal le caractère qu'il avait dans les provinces coutumières, mais la réserve sur les biens donnés ne saurait être accordée à l'ascendant donateur. La réserve ne peut appartenir qu'à ceux auxquels la loi l'attribue, et l'art. 915 n'a certainement pas trait à la succession anomale, puisqu'il suppose le cas où les ascendants se trouvent en concours avec des collatéraux. D'ailleurs, les limites posées au droit de retour par l'art. 747 même excluent toute idée de réserve, puisque l'ascendant donateur ne peut

---

(1) Vernet, p. 365 et suiv.

exercer son droit que si le défunt n'a disposé des choses à lui données ni par actes entre vifs, ni par testament.

Le droit de succession anomale a donné lieu à des controverses très-vives sur le point de savoir comment se calcule la réserve lorsque l'ascendant donateur est lui-même appelé à la succession ordinaire, ou bien lorsque d'autres ascendants l'excluent de la succession. Voici quel est sur cette question le système qui nous semble le plus conforme aux principes et au texte de la loi : Quand une personne meurt laissant des biens qui lui ont été donnés par un ascendant et des biens qui ont une autre origine, il y a deux successions distinctes, indépendantes l'une de l'autre : la succession de l'ascendant donateur aux biens par lui donnés, et la succession ordinaire des ascendants aux autres biens. Un exemple montrera combien ce principe est vrai : Une personne meurt laissant pour héritiers son père et sa mère ; dans sa succession se trouve un immeuble qui lui a été donné par son aïeul paternel, qui lui survit ; tous ses autres biens ont été aliénés à titre onéreux et dissipés. L'aïeul donateur viendra reprendre l'immeuble par lui donné, puisqu'en vertu de l'art. 747 l'ascendant donateur est, pour les choses par lui données, héritier à l'exclusion de tous autres ; le père et la mère ne recueilleront rien ; ils ne pourront faire valoir leur droit à une réserve, puisque nous avons supposé que le défunt avait dissipé tous ces biens, et que l'action en réduction ne s'exerce que contre les donations entre vifs ou les legs. Quant aux biens donnés par l'aïeul, la loi les en exclut formellement ; ils ne sont donc pas héritiers quant à ces biens-là, et, par conséquent, ils n'y peuvent prétendre à aucune réserve.

Pour l'application de ce principe, nous distinguerons deux cas : celui où l'ascendant donateur n'est pas réservataire et celui où il a droit à la réserve.

Supposons d'abord que l'ascendant donateur n'est pas appelé à la succession ordinaire. Dans ce cas, la succession anomale revient à l'ascendant donateur sans diminution ; la succession ordinaire sera seule comptée pour le calcul de la réserve. Par exemple : un aïeul a donné à son petit-fils un immeuble valant 20,000 fr.; le petit-fils meurt laissant son père et sa mère pour héritiers ; sa succession se compose de l'immeuble donné et de biens d'une autre origine valant 20,000 fr., mais dont il a disposé à titre gratuit. L'aïeul donateur succédera seul à l'immeuble par lui donné ; la réserve se calculera sur les 20,000 fr. qui ont été légués ; la quotité disponible sera donc de 10,000 fr.; les père et mère auront le droit de faire réduire de moitié les légataires ou donataires.

On nous oppose l'art. 922, qui veut que la masse sur laquelle se calcule la réserve soit formée de tous les biens existants au décès du disposant. Nous répondrons que cet article ne comprend que les biens de la succession ordinaire, celle qui doit la réserve, celle à laquelle sont appelés les père et mère. Les biens donnés par un ascendant sont, s'ils se retrouvent en nature, complétement en dehors des règles de dévolution de la succession ordinaire ; les biens qui sont soumis au droit de retour sont régis uniquement par l'art. 747, et puisqu'ils ne font pas partie de la succession, ils ne peuvent être comptés pour déterminer le montant de la réserve ; car, pour avoir droit à la réserve, la vocation héréditaire est indispensable, et c'est précisément cette vocation héréditaire qui manque aux père et mère à l'égard des biens donnés.

On nous objecte encore que la succession est tenue de contribuer pour sa part aux dettes ; que, par conséquent, elle doit être tenue d'acquitter en partie la quotité disponible, qui n'est autre chose qu'une dette envers les donataires et légataires. Il est vrai que la succession anomale est tenue de contribuer au payement des dettes du disposant, mais c'est parce que les dettes du disposant affectent également toutes les parties de son patrimoine ; les dispositions à titre onéreux atteignent les biens donnés comme les biens personnels; mais il ne peut en être de même des dons et legs, puisque le *de cujus* n'a pas touché dans ces dispositions aux biens qu'il a reçus de son ascendant (1).

Si, au contraire, les biens donnés ne se retrouvent pas en nature dans la succession; si, par exemple, le petit-fils a donné ou légué l'immeuble qu'il avait reçu de son ascendant, le calcul s'opérera sur les 40,000 fr.; toute distinction entre les biens du disposant cessera par suite de la non-existence du droit de retour légal; et il en serait de même si l'aïeul donateur était mort avant le petit-fils donataire : en effet, l'ouverture de la succession anomale est subordonnée à l'accomplissement de deux conditions : il faut que le bien donné se retrouve en nature dans la succession du donataire; il faut que l'ascendant donateur survive au descendant auquel le bien a été donné; du moment qu'une de ces conditions ne s'accomplit pas, l'application des principes qui règlent les successions ordinaires reprend son cours.

Supposons maintenant que l'ascendant est lui-même héritier réservataire, soit en concours avec d'autres ascendants, soit seul. Les mêmes principes trouveront leur application : il y a toujours deux successions distinctes, la succession aux biens donnés et la succession aux biens personnels; l'ascendant viendra aux deux successions, mais avec une vocation différente pour chacune d'elles. Un fils meurt laissant pour héritiers son père et sa mère; le père lui avait donné un immeuble valant 20,000 fr. qui se retrouve en nature dans la succession; le fils avait, en outre, 20,000 fr. de biens d'une autre origine qu'il a donnés ou légués. Le père reprendra l'immeuble donné en sa

(1) Demolombe, t. II, nᵒˢ 123 et s.; Cass., 8 mai 1858; Chabot, art. 747, nᵒ 17; Vazeille, art. 747, nᵒ 10; Marcadé, art. 747, 9, 11; Saintespès-Lescot, t. II, nᵒ 457; Troplong, t. II, nᵒ 951.

qualité d'ascendant donateur ; la réserve se calculera sur les 20,000 fr. qui restent : le père prendra 5,000 fr., la mère prendra la même somme, et les légataires ou donataires garderont 10,000 fr. Si la mère est prédécédée, la part du père sera la même, mais la quotité disponible sera de 15,000 au lieu de 10,000.

Si l'ascendant donataire renonce à la succession anomale pour s'en tenir à la succession ordinaire, ou s'il est exclu pour incapacité ou indignité, il n'y aura aucune distinction à faire entre les biens donnés et les biens personnels, et les règles du droit commun recevront leur application.

§ 3. — Des enfants naturels, des père et mère naturels.

Dans les premiers temps de la promulgation du Code Napoléon, la question de savoir si les enfants naturels devaient avoir droit à une réserve était vivement débattue. Aujourd'hui, la controverse a cessé et l'affirmative a été adoptée tant par les auteurs qui ont traité cette matière que par une jurisprudence constante. Voici les raisons sur lesquelles se fonde cette doctrine.

Le droit de réserve ne peut sans doute être établi que par la loi ; nous ne trouvons au Code aucune disposition explicite qui attribue la réserve aux enfants naturels ; mais nous y trouvons des dispositions qui présupposent l'existence de ce droit ; nous pouvons donc conclure que le législateur a voulu l'établir implicitement (1). En effet, l'art. 747 attribue à l'enfant naturel

---

(1) Duranton, t. VI, n° 309 ; Troplong, t. II, n° 771 ; Zachariæ, Aubry et Rau, t. V, § 686, et note 1 ; Vernet, p. 508 et 509 ; Demolombe, t. II, n° 149.

une fraction plus ou moins forte de la portion héréditaire qu'il aurait eue s'il eût été légitime.

Malgré l'absence du titre d'héritier, le droit de l'enfant naturel est donc mis sur la même ligne que le droit de l'enfant légitime ; en refusant à l'enfant naturel une réserve, il ne serait pas traité dans la succession comme s'il était enfant légitime ; son droit, dépourvu de sanction, ne serait plus de même nature que celui de l'enfant légitime. La réserve de l'enfant naturel découle de l'art. 757 aussi logiquement que celle de l'adopté dans la succession de l'adoptant découle de l'art. 350.

D'après l'art. 761, le père ou la mère peuvent écarter l'enfant naturel de leur succession, mais à la condition de lui donner, par acte entre vifs, au moins la moitié de ce qu'il aurait eu *ab intestat*, et dans le cas où cette portion serait moindre, l'enfant pourrait réclamer un supplément. Il est impossible, en présence de cette disposition, d'admettre que le père et la mère puissent dépouiller leur enfant naturel de la totalité de sa portion héréditaire en le passant sous silence et en instituant un légataire universel. Enfin, si nous n'admettons pas les enfants naturels à réclamer une réserve, nous les traitons plus rigoureusement que les enfants incestueux ou adultérins ; car aucun texte ne leur attribue des aliments comme les art. 762 et 764 en attribuent aux enfants adultérins ou incestueux. Le législateur n'a pas pu vouloir consacrer une pareille injustice ; il n'a pas parlé d'aliments pour les enfants naturels, parce qu'il leur a accordé une réserve.

La réserve de l'enfant naturel étant admise, nous avons à nous demander quelle en sera la quotité. Les mêmes principes qui nous ont guidé pour établir le droit des enfants naturels à une réserve nous serviront pour en déterminer la quotité, et c'est d'après les art. 757 et 758 combinés avec l'art. 913 que nous fixerons le montant de leur réserve. Nous procéderons par rapport à la réserve comme la loi procède par rapport à la succession *ab intestat*; l'enfant naturel aura droit dans la succession réservée à une part proportionnellement égale à celle qu'il prend dans la succession totale. Pour la déterminer, il faudra voir quelle serait, s'il était légitime, la part de la succession qui lui appartiendrait. Ainsi, dans le cas où il se trouve en concours avec des enfants légitimes, sa part héréditaire est du tiers de ce qu'il aurait eu s'il eût été légitime. Supposons qu'un père de famille ait laissé un enfant légitime et un enfant naturel : la réserve de ce dernier, s'il eût été légitime, aurait été du tiers ; elle sera du neuvième. Si l'enfant naturel se trouve en concours avec des petits-enfants issus d'un enfant légitime, deux cas peuvent se présenter : ou les petits-enfants viennent par représentation de leur père ou mère prédécédé, alors le calcul se fera comme si les enfants légitimes existaient encore ; ou les petits-enfants viennent de leur chef par suite de la renonciation ou de l'indignité de leur père ou mère, dans ce cas l'enfant naturel devra être considéré fictivement comme venant seul à la succession de son père, et sa réserve sera du tiers de la moitié, c'est-à-dire du sixième.

Lorsque l'enfant naturel se trouve en concours avec des ascendants ou des frères et sœurs ou descendants d'eux, sa réserve sera de la moitié de celle qu'il aurait eue s'il avait été légitime, c'est-à-dire du quart. Le défunt a-t-il laissé des collatéraux non privilégiés, l'enfant naturel aura les trois huitièmes, la moitié des trois quarts qui forment la portion à laquelle il est appelé dans la succession *ab intestat*. Si le défunt n'a pas laissé de parents au degré successible, l'art. 758 attribue à l'enfant naturel la totalité des biens ; sa réserve sera donc de la moitié du tout, c'est-à-dire égale à celle d'un enfant légitime.

Voyons maintenant sur quels biens l'enfant naturel peut exercer sa réserve. La réserve de l'enfant naturel étant, sauf la quotité, la même que celle attribuée à l'enfant légitime, nous déciderons qu'elle doit s'exercer sur les mêmes biens. Cependant plusieurs auteurs, se fondant sur les art. 756 et 757, qui accordent à l'enfant naturel un droit sur les biens des père et mère décédés, enseignent que l'enfant naturel peut demander la réduction du legs, mais non pas des donations entre vifs (1). Cette interprétation de l'art. 756 ne nous semble pas juste : elle aboutirait à exclure l'enfant naturel de la succession de ses père et mère, puisque le père et la mère auraient le droit de disposer de tous leurs biens par des donations entre vifs ou des institutions contractuelles ; et cette conséquence n'est pas admissible en présence de l'art. 761, qui veut que l'enfant naturel ne puisse être privé de la succession de son père ou de sa mère qu'autant qu'il a reçu par donations entre vifs la moitié de ce qu'il aurait eu dans la succession *ab intestat*, avec déclaration expresse de la part du père ou de la mère qu'ils entendent le réduire à cette portion.

D'autres auteurs distinguent entre les donations entre vifs postérieures à la reconnaissance de l'enfant naturel et les donations entre vifs antérieures ; ils ne lui accordent le droit d'attaquer que les premières. Les donations antérieures à la reconnaissance, disent-ils, constituent pour le donataire un droit acquis qui ne peut lui être enlevé par un fait volontaire du donateur ; la reconnaissance ne peut avoir d'effet contre les tiers qu'à compter de sa date (2).

Nous donnerons sur cette question la même décision que nous avons donnée plus haut en traitant de l'action en réduction de l'enfant adoptif. L'enfant naturel peut attaquer et faire réduire toutes les donations entre vifs, tant postérieures qu'antérieures à sa reconnaissance. En effet, vous avons conclu de la combinaison des art. 757, 758 et 913, que la réserve de

---

(1) Malleville, art. 756 ; Delvincourt, t. II, p. 12, note 4.

(2) Toullier, t. III, n° 263 ; Grenier, t. II, p. 665 ; Troplong, t. II, n°s 771 et 932.

l'enfant naturel est une partie de celle de l'enfant légitime. La différence entre la quotité attribuée à l'enfant légitime et la quotité attribuée à l'enfant naturel n'empêche pas les deux droits d'être de même nature. Puisque donc l'enfant légitime pourrait faire réduire les libéralités qui entament sa réserve, quelle que soit l'époque à laquelle elles ont été faites, il doit en être de même pour l'enfant naturel (1).

Nous avons à examiner maintenant de quelle manière sera fournie la réserve attribuée à l'enfant naturel. Cette réserve portera-t-elle sur les biens indisponibles ou sur la quotité disponible, quand l'enfant naturel vient en concours avec des héritiers réservataires? Si un ou plusieurs enfants naturels viennent en concurrence avec trois enfants légitimes ou un plus grand nombre, aucune difficulté ne se présente : la quotité disponible est fixée par l'art. 913 au quart de la succession ; le droit de disposition du père de famille, qui n'est pas restreint quant à ce quart par un plus grand nombre d'enfants légitimes, ne saurait être limité par la présence d'enfants naturels, leur réserve sera donc prise intégralement sur les trois quarts déclarés indisponibles par le législateur. Quant aux autres cas qui peuvent se présenter, différents systèmes ont été proposés ; voici celui qui nous paraît le plus satisfaisant : Le droit de l'enfant naturel étant de même nature, dans une mesure réduite, que celui de l'enfant légitime, la présence de l'enfant naturel doit nuire, sauf la question de quotité, aux mêmes personnes auxquelles aurait nui la présence d'un enfant légitime. S'il n'existe qu'un ou deux enfants légitimes, la réserve de l'enfant sera supportée proportionnellement par la quotité disponible et par la partie réservée de la succession, car la présence d'un

(1) Duranton, t. VI, nᵒˢ 311-313 ; Vazeille, t. I, p. 93, nᵒ 5 ; Zachariæ, Aubry et Rau, t. V, nᵒ 686, et note 9 ; Saintespès-Lescot, t. II, nᵒ 320 ; Vernet, p. 515 ; Demolombe, t. II, p. 164 et suiv.

second ou d'un troisième enfant aurait nui tant aux donataires ou légataires, en diminuant la quotité disponible, qu'aux héritiers réservataires, en diminuant leurs parts. Si l'enfant naturel se trouve en concurrence avec des ascendants, sa réserve sera prise sur celle des ascendants seulement s'il en existe dans les deux lignes ; la présence d'un enfant légitime n'aurait nui qu'aux ascendants et non aux donataires et légataires, puisque la quotité disponible aurait toujours été de la moitié de la succession. S'il n'existe des ascendants que dans une ligne, la réserve de l'enfant naturel sera prise pour moitié sur la réserve de l'ascendant et pour moitié sur la quotité disponible. La réserve des ascendants est attribuée à chacune des deux lignes d'une manière distributive. Il faut donc considérer la réserve de l'enfant naturel comme portant pour moitié sur chacune des deux lignes ; si la réserve des ascendants n'existe que pour une des lignes, l'enfant naturel devra prendre une moitié de sa réserve sur l'ascendant et l'autre moitié sur la quotité disponible (1).

Les enfants et descendants légitimes de l'enfant naturel prédécédé sont appelés par l'art. 759 à prendre sa place dans la succession de ses père ou mère naturels ; nous leur accorderons donc la même réserve qui aurait appartenu à l'enfant naturel lui-même.

Tout ce que nous venons de dire de la réserve qui doit être attribuée aux enfants naturels ne peut s'appliquer qu'à ceux d'entre eux qui ont été légalement reconnus. Cependant il peut arriver que la reconnaissance ne produise pas en faveur de l'enfant naturel un droit de réserve. La reconnaissance faite pendant le mariage par l'un des conjoints au profit d'un enfant naturel qu'il aurait eu avant son mariage d'un autre que de son époux ne pourra nuire ni à celui-ci, ni aux enfants nés de ce

(1) Vernet, p. 517 et suiv.; Demolombe, t. II, n° 773.

mariage. Néanmoins, elle produira son effet à la dissolution de ce mariage s'il n'en reste pas d'enfants. Art. 337. L'enfant naturel ainsi reconnu, s'il se trouve en concours avec des enfants légitimes issus de ce mariage ou avec le conjoint survivant, ne sera pas admis à faire valoir son droit héréditaire, et par conséquent sera privé de sa réserve. Si, au contraire, l'enfant naturel se trouve en concours avec des ascendants ou des collatéraux qui excluent le conjoint, il pourra exercer ces droits, car sa présence au partage ne nuit pas au conjoint survivant; mais il ne pourrait se prévaloir de son droit de réserve pour faire réduire des libéralités que ce conjoint aurait reçues.

Il nous reste à examiner la question de savoir si les père et mère naturels ont droit à une réserve sur les biens de leur enfant décédé sans postérité. De nombreux auteurs ont enseigné l'affirmative, et leur opinion avait été sanctionnée par des arrêts de Cour d'appel et même par un arrêt de la Cour de cassation (1). Cependant nous n'adopterons pas cette doctrine, d'autant plus qu'un arrêt récent de la Cour suprême a décidé que les père et mère naturels n'ont aucun droit de réserve à prétendre dans la succession de leur enfant. Toute réserve étant un droit exceptionnel, une limitation du libre droit de disposition, doit nécessairement être établie soit directement, soit indirectement par la loi; or, aucun texte n'attribue d'aucune manière, ni explicite ni implicite, un droit de réserve au profit des père et mère naturels; on ne saurait fonder ce droit sur l'art. 915, qui, en parlant des deux lignes paternelle et maternelle et du concours des ascendants avec des collatéraux, n'a évidemment en vue que la parenté légitime, toute base pour déterminer le montant de la réserve des père et mère manque-

---

(1) Cass., 3 mars 1846 ; Grenier, t. I, n° 676; Belost-Jolimont sur Chabot, art. 765, obs. 1 ; Vazeille, art. 765, n° 5; Rolland de Villargues, v° Portion disponible, n° 51 ; Troplong, t. I, n° 817.

rait absolument. A défaut de textes, nos adversaires tirent un argument du droit de réciprocité : par cela seul que l'enfant naturel a une réserve sur les biens de ses père et mère, les père et mère naturels doivent en avoir une dans la succession de leur enfant. La règle de la réciprocité, quoique très-vraie, est loin d'être absolue et ne saurait suffire à elle seule pour fonder un droit de réserve ; l'adoptant n'a pas de réserve dans la succession de l'adopté, qui cependant en a une dans la sienne. On nous oppose encore la corrélation qui existe entre l'obligation alimentaire et la réserve. Mais il n'est pas exact de dire que la réserve appartient à tous ceux qui ont droit à des aliments. Ainsi, l'obligation alimentaire existe entre les alliés directs, et cependant ils n'ont aucun droit de succession les uns vis-à-vis des autres, et par conséquent aucun droit de réserve. Nous pensons donc que les père et mère naturels ne seront jamais admis à réclamer une réserve sur les biens de leur enfant. Cette conclusion pourra sans doute conduire à un résultat regrettable ; l'enfant naturel pourra dépouiller ses père et mère des biens mêmes qu'il a reçus d'eux et les laisser à son décès dans la misère ; mais ces conséquences nous semblent inévitables en présence des textes de notre Code : le législateur seul, et non l'interprète, peut combler les lacunes qui se trouvent dans les lois (1).

---

(1) Cass., 26 déc. 1860 ; Delvincourt, t. I, p. 273, note 5 ; Chabot, art. 765, n° 5 ; Saintespès-Lescot, t. I, n° 353 ; Demante, t. IV, n°s 15-15 *bis;* Vernet, p. 361 et suiv.; Demolombe, t. II, n° 184.

SECTION III.

De la réduction des donations et legs.

En se bornant à marquer une limite aux libéralités entre vifs ou testamentaires et à déterminer les droits des héritiers, le législateur n'aurait fait qu'une œuvre incomplète ; aussi a–t-il réglé, dans les art. 920 et suiv., la question de savoir comment seront garantis les principes posés dans les art. 915 et suiv. Le moyen par lequel la loi sanctionne la réserve des ascendants et des descendants, c'est l'action en réduction, qui donne aux héritiers réservataires le droit de conserver pour eux les biens que le défunt a légués au delà de la quotité disponible, ou de reprendre aux donataires ce qu'ils ont reçu au delà de cette quotité. La dénomination de cette action nous montre que les libéralités excessives faites par le disposant ne sont pas nulles de plein droit, et qu'elles ne peuvent être atteintes que sur la demande de l'héritier, qui peut renoncer à l'action comme il aurait renoncé à la succession.

L'action en réduction est une action personnelle, qui dérive de la convention tacite par laquelle les donataires s'engagent à remettre dans la succession du donateur tout ou partie de ce qu'ils ont reçu, afin que la réserve des héritiers reste intacte. Cependant l'art. 930 la considère comme une action en revendication. La qualification que l'art. 930 donne à l'action en réduction provient de ce que cette action, quand elle a été intentée avec succès, fait naître au profit de l'héritier demandeur un droit héréditaire, droit essentiellement réel. Mais ce droit réel n'apparaît que lorsque la donation déclarée excessive a été résolue ; les héritiers doivent donc nécessairement intenter une action personnelle pour réclamer la partie de la réserve qui leur a été enlevée, et une fois que cette action aura réussi, l'action réelle en revendication ou en pétition d'hérédité leur sera ouverte.

Nous examinerons dans un premier paragraphe dans quels cas l'action en réduction peut être exercée, c'est-à-dire quand les libéralités du défunt sont excessives. Nous verrons ensuite à quelle époque et par qui cette action peut être exercée. Enfin, nous traiterons de la manière dont s'opère la réduction, et de ses effets.

§ 1. — Dans quels cas l'action en réduction peut-elle être exercée?

La réduction est la sanction du droit de réserve ; du moment donc que la valeur des biens dont le défunt n'a pas disposé est égale ou supérieure à la réserve, il ne peut être question de réduction. L'action des héritiers réservataires contre les légataires ou donataires ne s'exerce que dans le cas où les dispositions à titre gratuit excèdent la quotité disponible et entament la partie de la succession que la loi réserve aux ascendants ou descendants.

L'art. 922 nous apprend quelles sont les règles à suivre pour déterminer si la quotité disponible a été dépassée ou non. Voici les termes de cet article : « La réduction se détermine en formant une masse de tous les biens existants au décès du donateur ou testateur ; on y réunit fictivement ceux dont il a été disposé par donations entre vifs, d'après leur état à l'époque des donations et leur valeur au temps du décès du donateur. On calcule sur tous ces biens, après en avoir déduit les dettes, quelle est, eu égard à la qualité des héritiers qu'il laisse, la quotité dont il a pu disposer. »

Il y a donc quatre opérations à faire : 1° composition de la masse des biens laissés par le *de cujus* ; 2° composition de la masse des biens dont il a disposé par donation ; 3° addition de ces deux masses ; 4° déduction des dettes sur le total. Ce mode d'opérer peut être suivi à la lettre lorsque le *de cujus* a laissé un actif égal ou supérieur à son passif ; mais il devient inapplicable quand les dettes excèdent la valeur des biens laissés par le défunt. Supposons qu'une personne, après avoir donné 50,000 fr., décède laissant un fils ; on trouve dans sa succession 50,000 fr. de biens et 100,000 fr. de dettes ; si on voulait suivre à la lettre la marche indiquée par l'art. 922, on arriverait à un résultat impossible : l'excédant des dettes sur les biens existants serait pris sur les biens donnés, ce qui serait contraire au principe que les créanciers ne peuvent profiter de la réduction ; non-seulement l'art. 921 sera violé, mais la réserve sera anéantie.

Tout le monde est d'accord que, dans ce cas, la déduction des dettes ne peut se faire sur les deux masses réunies, et que quand le passif de la succession en excède l'actif, la réserve et la quotité disponible doivent être calculées sur les biens donnés, sans aucune déduction. Ainsi, dans notre espèce, le fils aura droit à 25,000 fr. et les donataires garderont les autres 25,000.

Nous trouvons la même idée dans le passage suivant de Pothier (1) : « Lorsque le passif surpasse l'actif des biens que le défunt a laissés, les enfants héritiers sous bénéfice d'inventaire peuvent laisser ces biens pour les dettes, frais funéraires et autres charges ; et, en ce cas, la masse sur laquelle doivent être prises les légitimes des enfants est composée seulement de ceux dont le défunt a disposé par donations entre vifs. » Rien ne nous autorise à croire que les rédacteurs de l'art. 922 ont voulu introduire une innovation sur ce point : « La faculté de disposer », disait M. Bigot Préameneu dans l'exposé des motifs, « ne se calcule pas seulement sur les biens qui restent

(1) Introduction au titre XV de la coutume d'Orléans, n° 78.

8

« après les dettes payées, il faut ajouter à ces biens ceux que la
« personne décédée a donnés entre vifs », et M. Jaubert émettait
la même opinion dans son rapport au Tribunat : « Un homme a
« disposé ; on calcule le montant net des biens dont il n'a pas
« disposé...., on le joint avec la valeur de ceux dont il a disposé. »
Cette inexactitude dans l'art. 922 provient sans doute de ce
que les rédacteurs du Code n'ont eu en vue qu'un seul cas,
celui qui se présentera le plus souvent, le cas où le *de cujus* a
laissé un actif supérieur ou égal à son passif (1).

Nous allons maintenant examiner en détail les règles qui
régissent la composition de la masse des biens laissés par le
défunt, la déduction des dettes et la composition de la masse
des biens donnés entre vifs par le défunt.

A. *Les biens existants.* — La masse des biens laissés par le
défunt dans sa succession se compose de tous les biens meubles
ou immeubles, corporels ou incorporels, qui existent au jour du
décès ; il n'y a aucune distinction à faire entre les biens dont
le défunt aurait disposé par testament et ceux qu'il laisse passer
à ses héritiers. Il est évident que les biens ou droits intrans-
missibles, comme un usufruit ou une rente viagère, ne sauraient jamais être compris dans cette masse. Nous ferons entrer
dans la masse les biens que le défunt a commencé à posséder
avec toutes les conditions nécessaires à la prescription, puisque
la prescription, quand elle est admise, rétroagit au jour où la
possession a commencé. Nous ferons entrer également dans la
masse des biens existants le droit de présentation attaché à un
office ministériel, et les propriétés des œuvres artistiques,
littéraires, scientifiques ou industrielles, car toutes ces choses

(1) Duranton, t. VIII, n° 344 ; Toullier, t. V, n° 144 ; Buquet sur Pothier,
t. I, p. 374 ; Zachariæ, Aubry et Rau, t. V, § 684, et note 1 ; Marcadé,
art. 922, n° 1 ; Vernet, p. 419 et suiv. ; Demolombe, t. II, n° 397.

constituent une valeur appréciable, et souvent elles formeront la partie la plus importante de la succession. Quant aux créances, elles doivent nécessairement être comprises dans la masse héréditaire, puisqu'elles font partie de l'avoir du défunt. Aucune distinction ne doit être faite entre les créances du défunt qui existent contre des tiers et celles qui existent entre l'héritier réservataire. Il est vrai que, suivant l'art. 1300, la confusion s'opère au profit de l'héritier quand il accepte purement et simplement. Mais cette confusion ne saurait empêcher que la créance existât dans la succession ; elle ne produit pas l'extinction de l'obligation, elle rend seulement la poursuite impossible : *potius eximit personam ab obligatione quam obligationem tollit* (1). La créance du défunt contre l'héritier réservataire a, au contraire, l'avantage d'être toujours bonne pour le compte de la succession, puisqu'il sera toujours considéré solvable vis-à-vis de lui-même.

Les créances qui sont évidemment mauvaises ne peuvent être comprises dans la masse pour le chiffre de la dette ; ou on devra les rejeter en entier, ou on ne les admettra que pour le dividende qu'on pourra en retirer ; si le débiteur revient à meilleure fortune et paye ses dettes, il devra intervenir un règlement ultérieur entre les donataires ou légataires et les héritiers réservataires. Pour les créances douteuses, on suit ordinairement la même règle que pour les mauvaises créances. Mais comment procéder à l'égard des créances ou des droits conditionnels qui peuvent se trouver dans la succession ? Cette question semble avoir embarrassé les jurisconsultes romains. Gaius propose deux moyens de sortir de cette difficulté (2) : le premier moyen

---

(1) Duranton, t. VIII, 333 ; Poujol, art. 922, n° 1 ; Vazeille, art. 922, n° 14 ; Zachariæ, Aubry et Rau, t. V, p. 562 ; Vernet, p. 422 ; Demolombe, t. II, n° 266.

(2) L. 73, § 1 ; D., Ad legem Falcidiam, XXXV, 2.

consiste dans une estimation à forfait dont les donataires ou légataires conviendront amiablement avec l'héritier réservataire ; le second parti que peuvent prendre les intéressés consiste, soit à comprendre le droit conditionnel pour le tout dans la masse héréditaire, les donataires ou légataires fournissant caution à l'héritier pour le cas où le débiteur ne payerait pas, soit à laisser le droit conditionnel en dehors de la masse, et alors c'est l'héritier qui fournit caution aux donataires ou légataires pour le cas où il recouvrerait en totalité ou en partie la valeur du droit. Le même procédé pourrait s'appliquer également aux créances douteuses.

Il y a cependant un cas où la créance qui existe contre un débiteur dont l'insolvabilité est constatée doit être comprise dans la masse des biens extants : c'est lorsque la créance a été léguée au débiteur lui-même. En effet, le débiteur doit alors être considéré comme solvable, puisqu'il se paye lui-même. Ulpien exprime cette décision en ces termes : « *Quum debitori liberatio relinquitur, ipse sibi solvendo videtur; et quod ad se attinet, dives est* (1). »

L'art. 922, en nous donnant le mode d'opérer pour déterminer la réduction, ne mentionne l'estimation qu'à l'égard des biens donnés ; il y a là une omission, car il est évident que pour fixer le chiffre de la quotité disponible, les biens qui composent la succession doivent être soumis à une évaluation aussi bien que ceux dont le défunt avait disposé par des donations entre vifs. Les biens extants doivent être estimés suivant leur état au moment de l'ouverture de la succession, et compris dans la masse pour la valeur qu'ils représentaient alors. Ce principe était celui du droit romain pour le calcul de la quarte falcidie (2) ; il avait été adopté dans notre ancien droit, et notre

(1) L. 82, D., Ad legem Falcidiam, XXX, 2.
(2) L. 73, D., Ad legem Falcidiam, XXXV, 2.

législation actuelle ne l'a pas abandonné (art. 920). Au moment du décès, le droit des héritiers réservataires s'ouvre en droit, quoiqu'il ne soit pas encore déterminé en fait ; c'est à ce moment qu'ils acquièrent les biens héréditaires qui composent leur réserve. Il ne faudra donc tenir aucun compte des variations de valeur, qui pourraient se produire dans l'intervalle qui s'écoule entre le jour de l'ouverture de la succession et le jour où se fait l'estimation. Les augmentations seront pour l'héritier un profit qu'il ne sera appelé à partager avec personne ; les diminutions seront pour lui une perte pour laquelle il ne pourra réclamer aucune indemnité.

B. *Déduction des dettes.* — La masse héréditaire une fois formée, il faut en déduire les dettes. De même que nous avons compris dans la masse des biens extants tout ce qui pouvait augmenter l'actif de la succession, de même nous devons déduire toutes les dettes ou obligations, quels qu'en soient la nature ou l'objet, dont le défunt pouvait être tenu. Ainsi, nous déduirons les créances qu'un des héritiers réservataires avait contre le défunt, comme nous avons compté dans les biens les créances du *de cujus* contre l'héritier réservataire. Quant aux dettes conditionnelles, elles pourront, si les parties en conviennent, être estimées à forfait à une somme fixe dont on fera la déduction immédiatement. Mais si les héritiers à réserve et les donataires ou légataires ne tombent pas d'accord, on aura recours aux cautions dont nous avons parlé pour les créances conditionnelles. On fera la déduction de la dette, et l'héritier fournira une caution aux donataires et légataires pour le cas où la dette n'existerait pas, ou bien on ne fera pas la déduction, et les donataires et légataires fourniront une caution pour le cas où la dette deviendrait certaine. Lorsque la succession se trouve grevée de rentes viagères, deux moyens se présentent pour procéder à la déduction de ces dettes : ou l'on détermine par

une estimation à forfait des rentes le capital nécessaire pour
les servir, et l'on fait la déduction de ce capital : le règlement
peut alors être définitif; ou l'on prélève sur l'actif de la succession le capital dont les intérêts, calculés au taux légal, sont
égaux aux annuités des rentes : la quotité disponible et la réserve sont alors réglées sur les autres biens, abstraction faite
de ce capital, qui, à mesure que les rentes s'éteindront, sera
réparti entre les réservataires et les donataires ou légataires.

Nous comprendrons dans les dettes à déduire, les frais funéraires et les frais de scellés, d'inventaire, de partage et de liqui-
dation; tous les auteurs sont d'accord pour compter les frais
funéraires au nombre des dettes que l'on doit déduire de l'actif
héréditaire. Quant aux frais de scellés, d'inventaire, etc.,
quelques auteurs soutiennent que ces dépenses ayant été faites
par les héritiers dans leur intérêt et dans l'intérêt des légataires, elles ne pouvaient être considérées comme dettes de la
succession à l'égard des donataires entre vifs, qui n'en tiraient
aucun profit. Toutefois, l'opinion contraire est généralement
admise; il est vrai que les frais faits pour les scellés, l'inventaire, etc., ne se font pas dans l'intérêt du défunt, mais ils sont
faits dans l'intérêt de tous ceux qui sont engagés dans l'opération, qui consiste à déterminer la quotité disponible et la réserve;
les donateurs entre vifs ont certainement autant d'intérêt à ce
que cette opération se passe régulièrement que les héritiers et
les légataires; il est donc conforme à l'équité de faire supporter
ces frais par la masse des biens laissés au décès.

C. *Des biens donnés entre vifs.* — La réserve est une partie
de la masse des biens que le *de cujus* eût laissés, s'il n'eût disposé d'aucun bien à titre gratuit, pour arriver à fixer le chiffre
de la réserve; il est donc nécessaire de réunir fictivement les
biens donnés entre vifs aux biens extants qui restent à partager après la déduction des dettes. Si le chiffre des dettes qui

grèvent la succession est supérieur au montant des biens laissés, le défunt devra être considéré comme n'ayant rien laissé, et la réserve sera calculée sur les donations entre vifs. On doit comprendre dans la masse des biens donnés tout ce qui est sorti du patrimoine à titre de libéralité, sans qu'il y ait lieu de s'occuper de l'époque où la donation aurait été faite, de la personne du donataire, de la nature du bien donné ou de la forme de la donation. L'importance des objets donnés ne doit pas être considérée non plus ; cependant nous ne comprendrions pas dans la masse des biens donnés les frais de nourriture, d'entretien, d'éducation, d'apprentissage, etc., et les présents d'usage, qui, d'après l'article 852, ne sont pas soumis au rapport.

Nous avons dit qu'il n'y avait aucune distinction à faire quant à la personne du donataire ; les biens donnés à un héritier réservataire doivent être réunis fictivement à la masse comme les biens donnés à un étranger. Cependant la Cour de cassation a décidé pendant vingt ans que les donataires et légataires n'avaient pas le droit de demander que le calcul de la quotité disponible se fît sur les biens donnés par le défunt à un de ses héritiers à réserve ; on disait que c'était demander le rapport contrairement à l'article 857. Cette interprétation de l'article 857 n'est pas exacte : il est vrai que cet article déclare que le rapport n'est dû que par le cohéritier à son cohéritier, et que les légataires n'y ont aucun droit ; mais il ne s'agit pas ici de donner aux donataires ou légataires un droit quelconque sur les biens qui auront été réunis à la masse pour fixer le montant de la quotité disponible et de la réserve : il ne s'agit que d'une réunion fictive, d'une simple opération de calcul destinée à obtenir une formation équitable de la masse. D'ailleurs le système de la Cour de cassation violait ouvertement l'article 922, qui veut qu'on réunisse fictivement aux biens extants tous ceux dont le défunt a disposé par donations entre vifs. Le 8 juillet 1826, la Cour de cassation, revenant sur sa jurisprudence antérieure, décida par un arrêt solennel qu'il faut, pour le calcul de la réserve et de la quotité disponible, réunir fictivement aux biens laissés par le *de cujus* à son décès les biens qu'il a donnés entre vifs à ses héritiers réservataires aussi bien que ceux qu'il a donnés à des étrangers. Depuis cet arrêt, la jurisprudence n'a pas varié (1).

Une autre question qui divise encore les auteurs et la jurisprudence est celle de savoir si les biens compris dans un partage d'ascendant fait par acte entre vifs doivent être réunis fictivement à la masse pour le calcul de la quotité disponible. Sans entrer dans les détails de cette difficulté, nous nous bornerons à dire que l'affirmative nous semble devoir être adoptée; les biens qui ont fait l'objet du partage sont des biens donnés, et comme l'article 922 exige la réunion fictive de tous les biens de ce genre sans exception, nous ne pouvons laisser les biens qui ont été compris dans le partage en dehors de la masse sur laquelle doit être calculée la quotité disponible.

Les biens constitués en dot à la femme doivent être réunis à la masse; cependant, dans le cas où, d'après l'article 1575, la femme est dispensée de rapporter la dot, on ne devra faire entrer en ligne de compte que l'action de la fille dotée contre son mari. En effet, la fille, dans ce cas, n'a rien reçu, ou elle n'a reçu qu'une action contre un débiteur incapable de payer; les biens constitués en dot ont été perdus par la faute du père; il serait contraire à l'équité de ne pas faire supporter cette perte par tous les enfants.

Il peut arriver qu'on soit forcé de comprendre dans la masse des biens qui ont passé du patrimoine du défunt dans celui de l'héritier réservataire par suite d'un contrat qui, intervenu entre le défunt et un étranger, serait considéré comme un contrat à titre onéreux, mais qui, intervenu entre le défunt et son

(1) Arrêts : 13 mai 1829, 19 août 1829, 8 janvier 1834, 2 mai 1838.

héritier en ligne directe, est regardé par la loi comme constituant une aliénation à titre gratuit. Nous voulons parler de
l'hypothèse prévue par l'article 918, dont nous nous occuperons
bientôt en détail.

Nous ferons entrer dans la masse des biens donnés les avantages qu'un héritier a pu retirer de conventions passées avec le
défunt et qui se sont produites au moment de la convention;
de même les profits qu'un héritier a pu retirer d'une association
faite avec le défunt si les conditions de cette société n'ont pas
été réglées par un acte authentique (art. 853 et 854). Si l'avantage résultant du contrat à titre onéreux a lieu au profit d'un
étranger, ou si l'association non constatée par acte authentique intervient entre le défunt et un non-successible, ces conventions ne peuvent être regardées comme étant à titre gratuit
qu'autant qu'il est prouvé que le défunt les a formées avec l'intention de faire une libéralité. Les immeubles et les meubles,
corps certains qui ont péri par cas fortuit entre les mains des
donataires ou des tiers détenteurs, ne peuvent entrer dans la
masse des biens pour le calcul de la quotité disponible; ces
biens n'existent plus, et ils n'existeraient pas davantage si le
défunt ne les avait pas donnés. Nous connaissons maintenant
de quels biens est formée la masse qu'il faut ajouter aux biens
laissés par le défunt. Il nous reste à procéder à l'estimation des
biens donnés pour fixer la somme sur laquelle seront calculées
la réserve et la quotité disponible.

Aux termes de l'article 922, l'estimation des biens donnés se
fait d'après leur état à l'époque des donations, et leur valeur
au temps du décès du donataire; on considère le bien donné
d'après sa configuration matérielle au moment de la donation,
et l'on fait abstraction des améliorations ou des dégradations
qui proviendraient du fait des donataires ou de leurs ayants
cause; mais on tient compte de celles résultant, soit de la nature des choses, soit d'un cas fortuit; par exemple : le défunt

a donné une maison valant 20,000 francs; au jour du décès, elle vaut 40,000 francs. La plus-value résulte-t-elle des améliorations faites par le donataire, on ne la comprendra que pour 20,000 francs; la plus-value provient-elle d'un cas fortuit, par exemple l'ouverture d'une rue, on la comprendra pour 40,000 francs, car c'est cette valeur qui serait trouvée dans le patrimoine du défunt s'il n'avait pas fait la donation. Au contraire, la maison ne vaut-elle plus que 10,000 francs, on la comprendra dans la masse pour 20,000 francs ou pour 10,000, selon que la moins-value a pour cause une faute du donataire ou un cas fortuit.

Dès le jour du décès, les droits des héritiers à réserve et des donataires et légataires sont déterminés d'une façon irrévocable, et on ne doit tenir aucun compte des augmentations ou des diminutions que peuvent avoir éprouvées les biens entre le moment du décès et le moment de l'estimation; mais l'héritier réservataire profitera des augmentations ou souffrira des diminutions qu'éprouve le corps certain sur lequel, par l'effet du calcul de la réserve et de la quotité disponible, il est appelé à exercer son action en réduction.

Les règles données par l'art. 922 pour l'estimation des biens doivent-elles s'appliquer aux meubles comme aux immeubles? Quelques auteurs enseignent que les règles de l'article 922 ne peuvent être suivies que pour l'estimation des immeubles; quant aux meubles, on devra les estimer d'après leur état et leur valeur au moment des donations, comme le prescrit l'article 868 en matière de rapport. En suivant pour les meubles l'article 922, on enrichirait souvent l'une des parties au détriment de l'autre: le donataire, si les meubles ont diminué de valeur; l'héritier, si les meubles ont augmenté de valeur dans l'intervalle entre la donation et le décès. On arrive à des conséquences encore plus choquantes si la donation a été faite à un héritier à réserve. L'héritier accepte-t-il la succession, il rapportera les meubles donnés, qui seront estimés suivant leur valeur au temps de la donation; l'héritier renonce-t-il, ces mêmes meubles seront évalués à la valeur qu'ils ont au jour du décès (1). « Les meubles « de la même donation », dit M. Toullier, « peuvent être prisés de « deux manières différentes; par exemple : si le don fait en « meubles par préciput, à l'un des enfants, se trouve excéder la « portion disponible, il faudra d'abord les priser suivant leur « valeur à la mort du donateur pour voir s'il y a excès, et, après « que l'enfant donataire aura retenu sur ce taux la portion dispo= « nible, le surplus qu'il est obligé de rapporter à la succession « sera prisé suivant sa valeur à l'époque de la succession (2). »

Néanmoins, il nous semble que cette distinction entre les meubles et les immeubles ne saurait être admise; elle est trop contraire aux termes exprès de notre article. D'ailleurs, cette distinction avait été proposée par M. Tronchet lors de la discussion de notre article au Conseil d'État, mais elle fut rejetée pour les motifs suivants; le donataire en avancement d'hoirie sait d'avance que la donation qu'il reçoit est sujette à rapport; il peut d'ailleurs se soustraire à l'obligation de rapporter les biens donnés en renonçant à la succession. Le donataire non successible, au contraire, ne s'attend généralement pas à la réduction; il ne connaît pas aussi bien qu'un héritier présomptif la fortune du donateur et doit supposer qu'il n'a fait de libéralités que dans de justes limites. Il ne serait donc pas juste de lui faire supporter les risques des meubles qu'il a reçus. Tout ce qu'on peut exiger de lui, c'est qu'il rende compte des meubles dont il est encore nanti au moment du décès du donateur (3).

---

(1) Grenier, t. IV, n° 657; Duranton, t. VIII, n° 342; Armand Dalloz, Dictionnaire, v° Portion disponible, n° 585.

(2) Toullier, t. III, n° 140.

(3) Delvincourt, t. II, p. 67, note 6; Coin-Delisle, art. 922, n° 31;

Cependant le mode d'évaluation de l'article 922 ne s'appliquerait pas quand il s'agit d'une donation de meubles qui, à raison de la nature, sont destinés à être vendus ou consommés au moment même de la donation : telles seraient les denrées, les marchandises. Ces meubles devront être estimés d'après leur valeur au moment de la donation. C'est là une exception au principe que nous avons établi, mais cette exception est commandée par la nature des choses; le défunt aurait consommé ou vendu lui-même les choses fongibles qui ont fait l'objet de la donation. Il n'est donc pas possible de supposer qu'elles sont restées dans la succession du défunt pour les estimer d'après leur valeur à l'époque du décès.

Nous avons vu quelle est la quotité de biens que la loi réserve aux héritiers du sang (art. 913 et 915) et comment se compose le patrimoine sur lequel se calculent la quotité disponible et la réserve; il est nécessaire maintenant d'examiner dans quels cas les dispositions du *de cujus* sont conformes à la loi et dans quels cas elles auront dépassé les limites apportées à la libre disposition des biens dans l'intérêt de la famille. Ordinairement cet examen sera facile; il suffira de faire, d'après l'article 922, le calcul de la masse des biens sur laquelle doit se calculer la quotité disponible, et de rechercher, d'après la qualité des héritiers, quelle a été la portion de ces biens dont le défunt avait la libre disposition. Toutefois, cette partie de notre sujet renferme certaines difficultés qui méritent d'être étudiées.

Le défunt a le droit de disposer de toute sa quotité disponible, peu importe qu'il ait favorisé un étranger ou un de ses héritiers; mais il ne peut disposer que de cette quotité, et la réserve doit parvenir intacte à ceux à qui la loi l'accorde; elle

Zachariæ. Aubry et Rau, t. V, p. 568; Marcadé, art. 922, n° 4; Vernet, p. 451; Demolombe, t. II, n° 380.

ne peut être affectée ni d'un terme, ni d'une condition, ni d'une charge quelconque. Ce principe, admis par le droit romain et par notre ancien droit français, existe encore aujourd'hui ; il est fondé sur la raison que la réserve est une portion de la succession *ab intestat* déférée aux ayants droit par la loi contre la volonté même du *de cujus*. Le réservataire doit donc avoir la totalité de ce que la loi lui donne ; mais rien ne s'opposerait à ce que le défunt, en laissant au réservataire tout ou partie de la quotité disponible, mît à cette disposition la condition que la réserve sera grevée de telle ou telle charge, pourvu que cette charge ne contienne rien d'illicite. Dans ce cas, en effet, l'héritier n'est nullement lié ; il a le choix entre la réserve pure et simple s'il refuse de se soumettre à la volonté du défunt, et la réserve grevée d'une charge, mais accompagnée de la quotité disponible, s'il accomplit le vœu du disposant.

Les dispositions consistant en usufruit ou en rente viagère sont difficiles à évaluer, parce que les éléments de calcul sur lesquels se base toute estimation sont ici trop incertains pour qu'on puisse arriver à un résultat satisfaisant ; aussi ces dispositions ont-elles toujours donné lieu à des difficultés sur la question de savoir si la quotité disponible a été dépassée ou non. Cette question, très-débattue dans notre ancien droit, a été résolue par l'article 917 du Code Napoléon, d'après une combinaison proposée par Lebrun (1). Voici les termes de cet article : « Si la disposition par acte entre vifs ou par testament « est d'un usufruit ou d'une rente viagère dont la valeur ex- « cède la quotité disponible, les héritiers, au profit des- « quels la loi fait une réserve, auront l'option, ou d'exé- « cuter cette disposition, ou de faire l'abandon de la pro- « priété de la quotité disponible. » La tâche du législateur consistait à trouver un moyen de concilier les droits des

(1) Liv. III, ch. IV, nos 5, 21 et 47.

réservataires avec la volonté du défunt, sans porter atteinte à la réserve et sans diminuer la quotité disponible. L'art. 917 atteint parfaitement le but qu'il se propose ; les héritiers réservataires ont le choix de laisser subsister la disposition telle qu'elle a été faite par le défunt, ou d'y substituer l'abandon de la quotité disponible. Les héritiers ne peuvent se plaindre ; la loi les fait juges de la question de savoir si la réserve a été entamée par la disposition du défunt ; les donataires ne sauraient se plaindre non plus ; ils auront, ou ce que le défunt leur a destiné, ou, au moins, tout ce dont il pouvait disposer. Un autre avantage de l'art. 917 est d'éviter l'estimation nécessairement arbitraire d'un droit viager. Le droit d'option accordé à l'héritier est subordonné à cette condition, « si la valeur du droit d'usufruit ou de la rente viagère excède la quotité disponible. » Que signifie cette condition ? D'après l'opinion de M. Levasseur (1), l'héritier à réserve ne serait admis à exercer son droit d'option entre l'exécution de la disposition et l'abandon de la quotité disponible, que dans le cas où la valeur du droit viager, obtenue au moyen d'une estimation faite par experts, dépasserait la valeur de la pleine propriété de la quotité disponible. Cette doctrine nous semble inadmissible ; elle est contraire au but de l'art. 917 ; l'estimation du droit viager serait toujours indispensable, et, si la valeur estimative de ce droit n'excède pas la quotité disponible, l'héritier pourra être privé longtemps de la jouissance de sa réserve ; en effet, l'usufruit ne vaut en général que la moitié de la pleine propriété ; le disposant pourrait donc, s'il n'a qu'un enfant, donner l'usufruit de tous ses biens à un étranger, et ne laisser à son enfant qu'une nue propriété. La véritable interprétation de l'art. 917 est celle-ci : L'héritier ne peut exercer son droit d'option que dans le cas où la disposition d'usufruit ou de rente viagère excède

(1) Quotité disponible, nos 85, 88.

les revenus de la quotité disponible ; si, au contraire, la valeur du droit viager est au-dessous de la valeur de la quotité disponible, l'héritier ne peut pas faire l'abandon. Les discussions qui ont eu lieu au Conseil d'État sur cette question ne laissent aucun doute quant à la pensée des rédacteurs de notre article. Ils ont voulu empêcher que la disposition ne portât atteinte à la jouissance de la réserve, et, du moment que le danger était évité, il était inutile de laisser à l'héritier la liberté de changer le mode de la libéralité du disposant ; du reste, cette dernière question ne se présentera guère en pratique, car quel serait l'héritier assez simple pour proposer l'abandon de la quotité disponible entière, quand les revenus actuels de cette quotité suffisent à l'usufruit ou au service de la rente viagère (1) ?

Si le défunt a laissé plusieurs héritiers réservataires, chacun d'eux peut exercer séparément et pour sa part le droit d'option introduit par l'art. 917 ; l'abandon de la quotité disponible est une faculté que la loi accorde à l'héritier, et il n'y a rien qui force les héritiers à prendre tous le même parti. M. Duranton (2), cependant, n'est pas de cet avis ; il soutient que si les réservataires ne s'accordent pas tous à faire l'option qui leur est déférée par la loi, la disposition devra être exécutée selon la forme que lui a donnée le disposant. Pour appuyer son système, il invoque les art. 1670 et 1685, d'après lesquels les héritiers d'une personne qui a vendu un immeuble, avec faculté de rachat ou avec lésion de plus de sept douzièmes, ne peuvent exercer séparément la faculté de rachat ou l'action en rescision. Nous n'adopterons pas l'opinion du savant professeur ; en principe général, les droits qu'avait le défunt se divisent entre

---

(1) Malleville, sur l'art. 917 ; Coin-Delisle, art. 917, 4-7 ; Marcadé, art. 917, 1 ; Demande, t. IV, n° 55 bis, 11 ; Saintespès-Lescot, t. III, n° 370 ; Vernet, p. 455 ; Demolombe, t. II, n° 432.

(2) T. VIII, n° 346.

ses héritiers ; nous ne pouvons renoncer à appliquer ce principe que quand la loi contient une exception expresse ; l'art. 917 n'en contient aucune. D'ailleurs, il nous semble qu'il n'y a pas d'analogie entre l'hypothèse prévue par notre article et les hypothèses des art. 1670 et 1685. D'un côté, nous avons un donataire ou légataire qu'il s'agit simplement de réduire à une libéralité moins forte ; de l'autre côté, nous avons un acheteur qui ne se trouvera conserver que la fraction d'une chose qu'il voulait acquérir pour le tout, exposé en outre aux embarras d'une copropriété et d'un partage ; l'un *certat de lucro captando :* il sera sûr de s'enrichir, même si son titre est scindé ; l'autre *certat de damno vitando,* il a acquis à titre onéreux ; il est donc juste de le protéger contre ce qui pourrait lui causer des pertes.

Cependant, lorsque l'objet du droit viager légué est indivisible, un droit d'usage ou un droit d'habitation, les héritiers seront forcés de faire l'abandon de la quotité disponible s'ils ne veulent pas exécuter la disposition ; car, dans ce cas, l'objet de la dette étant indivisible, le principe de la divisibilité des dettes ne peut s'appliquer (art. 1221).

D'après la disposition de l'art. 917, on voit que les donations ou les legs d'usufruit ou de rente viagère ne sont pas soumis à la réduction proprement dite ; la réduction laisse subsister une partie du droit qu'elle atteint ; ici, au contraire, la libéralité est transformée ; l'héritier, en exerçant le droit que lui confère la loi, remplace le droit viager par un autre droit, le droit de pleine propriété sur la quotité disponible. Cependant, les art. 1970 et 1973 décident que la rente viagère est réductible si elle excède ce dont il est permis de disposer. Il se peut que l'estimation et la réduction de droits viagers soient indispensables ; mais cette estimation ne pourra jamais avoir lieu quand il s'agira de régler les rapports entre l'héritier à réserve et les donataires ou légataires ; l'art. 917

s'y oppose formellement ; l'évaluation des droits viagers pourra être nécessaire dans les rapports des légataires ou donataires les uns envers les autres. Supposons que le défunt ait fait plusieurs legs de rente viagère ; si le capital nécessaire pour payer les arrérages de ces rentes dépasse la quotité disponible, l'héritier exercera son droit d'option et fera l'abandon de la propriété de la quotité disponible ; tout est terminé entre les légataires et lui ; les légataires ont reçu le maximum de ce que le défunt pouvait leur donner, l'héritier a sa réserve intacte ; mais il reste à régler les droits des légataires entre eux pour déterminer à quelle part de la quotité disponible chacun a droit ; et c'est alors qu'il faudra procéder à une estimation de la valeur vénale des rentes viagères léguées ; il en est de même quand le défunt a fait une donation d'usufruit ou de rente viagère, suivie d'une seconde donation ou d'un legs de la même espèce ; si l'héritier juge plus avantageux de faire l'abandon du disponible, on estimera les droits légués ; le second donataire ou le légataire ne sera pris en considération qu'après que le premier aura été désintéressé. Si nous supposons que le défunt a fait des legs de différente nature, les uns de pleine propriété, d'autres d'usufruit, d'autres de rente viagère, l'héritier à réserve aura toujours le droit de faire à tous les légataires l'abandon du disponible, et la réduction proportionnelle de tous les legs s'opérera au moyen de l'estimation des legs d'usufruit et de rente viagère. Notre législation ne contient aucune règle au sujet de la manière dont doivent être faites ces évaluations ; elles sont donc laissées à l'appréciation des tribunaux, qui, dans leurs décisions, devront tenir compte de l'âge et de la santé de l'usufruitier et de celui sur la tête duquel la rente a été constituée (1).

(1) Duranton, t. VIII, nos 125, 126 ; Coin-Delisle, art. 917, no 8 ; Bayle-Mouillard sur Grenier, t. IV, no 638, note a ; Marcadé, art. 917, no 111 ; Vernet, p. 459 ; Demolombe, nos 443 et suiv.

Nous venons de voir dans quels cas les libéralités faites par le défunt sont considérées comme dépassant la portion de biens dont la loi lui laisse la libre disposition, et sont par là soumises à l'action en réduction des héritiers; toutefois, il existe des libéralités qui, à raison des personnes auxquelles elles ont été faites, n'entrent pas dans le calcul de la quotité disponible, mais servent, au contraire, à former la réserve. Nous avons donc à examiner quelles sont les libéralités que nous devons imputer sur la quotité disponible, et quelles sont celles qui devront être imputées sur la réserve.

Il est évident que toutes les dispositions à titre gratuit faites en faveur de personnes étrangères au disposant, et toutes celles faites à des parents qui ne se trouvent pas au nombre des personnes appelées à sa succession au moment de son décès, doivent être imputées sur la quotité disponible, puisque ces personnes n'ont aucun droit à la succession *ab intestat*, par conséquent aucune réserve sur laquelle il serait possible d'imputer les libéralités qui leur sont faites. Si une donation a été faite par avancement d'hoirie à un successible qui est mort avant le décès du donateur, sans laisser de descendants directs qui puissent le représenter, cette donation sera également imputée sur la quotité disponible. Nous donnerons la même décision dans le cas où l'enfant d'un donataire prédécédé vient à la succession du donateur, de son chef et sans le secours de la représentation; par exemple : le don fait par le père à son fils ne sera pas imputable sur la réserve du petit-fils, même s'il a accepté la succession de son père; il en est de l'imputation comme du rapport (art. 848). Ici, le petit-fils est héritier, mais il n'est pas donataire; en forçant le petit-fils à imputer sur sa réserve ce qui a été donné à son père, il pourrait arriver qu'il n'eût rien du tout, car peut-être n'a-t-il rien recueilli des choses données dans le patrimoine de ce dernier. Si le petit-fils n'arrive à la succession de l'aïeul que par le secours de la re-

présentation, il se trouve à la fois donataire et héritier, l'imputation devra donc être faite sur sa réserve.

Nous avons dit plus haut que l'héritier qui renonce doit être
traité comme s'il n'avait jamais eu de droit sur la succession
du *de cujus;* les libéralités qu'il a reçues du défunt seront donc,
même si elles ont été faites par avancement d'hoirie, assimilées
à celles faites à des étrangers et imputées sur la quotité disponible. Nous avons vu qu'après avoir admis pendant longtemps
que l'enfant donataire pouvait, malgré sa renonciation, retenir
ou réclamer et la réserve et la quotité disponible tout entière,
la Cour de cassation avait enfin décidé par un arrêt solennel
que le don reçu par avancement d'hoirie par l'enfant renonçant
est exclusivement imputable sur la quotité disponible.

Les libéralités faites par préciput aux successibles du donateur ou testateur doivent être imputées sur la quotité disponible. Le disposant a clairement manifesté son intention d'attribuer à l'un de ses héritiers une part plus grande que celle qui
lui est attribuée par la loi; si on imputait la donation ou le legs
sur la réserve, la volonté du défunt ne serait pas respectée.
Cette hypothèse est prévue par l'art. 919 en ces termes : « La
quotité disponible pourra être donnée en tout ou en partie, soit
par acte entre vifs, soit par testament, aux enfants ou autres
successibles du donateur, sans être sujette au rapport par le
donataire ou le légataire venant à la succession, pourvu que la
disposition ait été faite expressément à titre de préciput ou
hors part. La déclaration que le don ou le legs est à titre de
préciput ou hors part pourra être faite, soit par l'acte qui con-
tiendra la disposition, soit postérieurement, dans la forme des
dispositions entre vifs ou testamentaires. »

Les mots « sans être sujettes à rapport » employés dans cet
article prouvent l'analogie qui existe entre les règles qui régissent le rapport et celles qui régissent la réduction, car ils
signifient évidemment que les libéralités faites avec clause de

préciput à l'héritier venant à la succession, sont imputables sur la quotité disponible ; notre article recevra donc son application, soit qu'il y ait plusieurs héritiers, soit qu'il n'y en ait qu'un seul.

Quant aux libéralités faites sans dispense de rapport à un héritier venant à la succession, nous les imputerons sur la réserve. En effet, la réserve étant une portion de la succession *ab intestat*, l'héritier doit imputer sur cette réserve tout ce qu'il a reçu à titre héréditaire ; or, les biens qu'il a reçus sans clause de préciput lui ont été donnés par avancement d'hoirie. Ils doivent donc être remis dans la succession. Ce principe était adopté par nos anciens jurisconsultes (1), et il nous semble devoir être suivi encore aujourd'hui. Néanmoins, on a soutenu que l'imputation sur la réserve du don fait à l'héritier violait l'art. 923 quand le défunt a fait à des étrangers des donations postérieures ou des legs ; le don fait au successible est antérieur, il devrait donc être maintenu, et par conséquent imputé sur le disponible. Mais il s'agit ici d'une libéralité qui, d'après la volonté du défunt même, ne devait être pour l'héritier qu'une succession anticipée dont il aurait la jouissance pendant la vie du donateur au lieu de ne l'avoir qu'après sa mort ; le donateur n'a nullement eu l'intention de diminuer sa quotité disponible ; les biens donnés seront recueillis par l'héritier au même titre que ceux qu'il trouve dans la succession du *de cujus*, et ils doivent donc être imputés sur la réserve.

Cependant il existe entre les biens qui se trouvent dans la succession et les biens donnés sans clause de préciput une différence très-importante. Les légataires ou donataires n'ont aucun droit à exercer sur les biens rapportables ; si les biens laissés

(1) Cujas, consult. XXIV ; Ricard, Des Donations entre vifs et des Testaments, 3ᵉ partie, nº 1141 ; liv. II, ch. III, sect. 3, nº 1 ; Pothier, Introduction au t. XV de la coutume d'Orléans, nº 80 ; Dornat, Lois civiles, liv. II, tit. IV, sect. 3, nº 10 ; Roussilhe, tit. II, p. 139.

par le défunt ne suffisent pas pour les désintéresser, ils n'ont rien à prétendre sur ceux dont le *de cujus* a disposé au profit de ses successibles ; mais si les biens extants suffisent pour les remplir de leurs droits, ils peuvent se défendre contre l'action en réduction en demandant que l'héritier impute sur sa réserve les choses qu'il a reçues sans dispense de rapport de son auteur.

S'il existe plusieurs héritiers, et qu'un seul d'entre eux ait reçu des donations par avancement d'hoirie du défunt, les biens donnés seront imputables sur la réserve de tous les héritiers ; nous empruntons l'exemple suivant à l'excellent ouvrage de M. Mourlon : Une personne meurt laissant deux enfants, un légataire universel et un actif net de 15,000 fr.; l'un des enfants a reçu par donation, sans dispense de rapport, 45,000 fr.; la somme sur laquelle se calculera la réserve sera donc de 60,000 fr. Il y a deux enfants : la réserve est des deux tiers, 40,000 fr.; la quotité disponible de 20,000 fr. Le légataire de la quotité disponible a donc droit à 20,000 fr.; mais comme il n'existe que 15,000 fr. dans la succession, son legs se trouve restreint à cette somme ; car pour la compléter, il faudrait prendre ce qui manque sur les 45,000 fr. donnés à l'un des enfants, et il ne le peut pas, puisqu'il n'a point droit au rapport. D'un autre côté, les enfants ne pourraient pas prétendre que le legs ne doit point s'exécuter, la quotité disponible ayant été absorbée par la donation. Le légataire répondrait : La donation faite sans clause de préciput tient lieu à l'héritier de sa réserve ; elle ne peut s'imputer sur la quotité disponible dont le défunt est resté maître ; les libéralités qu'il fait à des tiers ne sont réductibles qu'autant qu'elles portent atteinte à la réserve : or, ici la réserve n'est pas entamée, puisque les enfants en sont déjà nantis, à quel titre procéderait-on à la réduction ? Quant au partage entre les deux enfants, nous devrons suivre les principes des art. 843 et 745, puisqu'il ne résulte des dispositions du père de famille rien qui tende à changer les règles du droit commun.

Il nous reste à examiner l'hypothèse de l'art. 918, d'après lequel certaines dispositions, faites sous l'apparence de contrats à titre onéreux, sont regardées par la loi comme des donations et donnent par là naissance à des questions d'imputation.

L'origine de notre article se trouve dans la loi du 17 nivôse an II, dont l'art. 26 était rédigé en ces termes : « Toutes donations à charge de rentes viagères ou rentes à fonds perdu, en ligne directe ou collatérale, à l'un des héritiers présomptifs ou à ses descendants, sont interdites, à moins que les parents du degré de l'acquéreur ou de degrés plus prochains n'y interviennent et n'y consentent. Toutes celles faites sans ce concours, depuis et y compris le 14 juillet 1789, aux personnes de la qualité ci-dessus désignée, sont annulées, sauf à l'acquéreur à se faire rapporter par son donateur, ou vendeur, ou par ses héritiers, tout ce qu'il justifiera avoir payé au delà du juste revenu de la chose aliénée, le tout sans préjudice des coutumes ou usages qui auraient invalidé de tels actes passés même avant le 14 juillet 1789. »

La présomption légale de la loi de nivôse passa dans notre législation, mais moins étendue, puisque l'art. 918 se borne à l'appliquer aux héritiers en ligne directe, et qu'au lieu d'annuler les contrats, elle veut qu'ils soient régis d'après les principes des donations.

Le législateur s'est proposé, par la disposition de l'art. 918, d'éviter qu'un père de famille n'arrive, d'une manière indirecte, à avantager un de ses enfants au détriment des autres, et à lui donner une part plus grande que celle que la loi a permis de lui donner.

La base de la présomption légale se trouve donc surtout : 1° dans la nature de la convention ; 2° dans la qualité des parties contractantes. En l'absence d'un de ces deux éléments, la convention n'est plus suspecte aux yeux du législateur, et elle est considérée, jusqu'à preuve contraire, comme un contrat à titre onéreux. Mais du moment que ces deux éléments concourent, la présomption est invincible ; pour mitiger ce que cette décision pourrait avoir de trop sévère pour le cas où le contrat serait réellement à titre onéreux, par exemple que le successible ait payé le prix de la nue propriété ou servi régulièrement les arrérages de la rente, la loi veut que cette donation soit imputable non pas sur la réserve, mais sur la quotité disponible.

Voyons maintenant quels sont les contrats auxquels nous devrons appliquer la présomption légale.

· Ce sont, nous dit l'art. 918, les aliénations « soit à charge de rente viagère, soit à fonds perdu, ou avec réserve d'usufruit. » Notre texte contient ici un pléonasme. L'aliénation à charge de rente viagère n'est autre chose qu'une aliénation à fonds perdu, puisqu'on entend par aliénation à fonds perdu toute aliénation où la chose aliénée n'est représentée dans le patrimoine de l'aliénateur par aucune valeur que ses héritiers puissent retrouver après lui ; on dit alors que le fonds est perdu, parce que l'aliénateur, en recevant les prestations périodiques qui lui tiennent lieu de prix, les consommera au fur et à mesure des échéances.

La vente qui a lieu moyennant une constitution de rente perpétuelle ne peut être considérée comme une aliénation à fonds perdu ; en effet, le prix de la chose aliénée est représenté par la vente : il est vrai que le capital n'est pas exigible ; mais la valeur de ce capital existera toujours dans le patrimoine du vendeur ou dans celui de ses héritiers jusqu'au moment où le débiteur usera de son droit de rachat en payant le capital (1).

L'aliénation avec réserve d'usufruit n'est pas une vente à fonds perdu ; ainsi une personne vendant la nue propriété de sa maison moyennant 20,000 francs n'aura certainement pas

(1) Coin-Delisle, art. 918, n° 4 ; Zachariæ, Aubry et Rau, V, § 684 *ter*, note 3 ; Marcadé, art. 918, n° 3 ; Vernet, p. 133 ; Demolombe, t. II, n° 500.

perdu son fonds, puisque la somme payée le représente ; mais rien n'empêche les parties de donner à une vente avec réserve d'usufruit le caractère d'une aliénation à fonds perdu, en convenant, par exemple, que le prix de la nue propriété consistera dans une rente viagère ou dans l'usufruit d'un autre immeuble. D'après la loi de nivôse an II, les ventes avec réserve d'usufruit ne tombaient pas sous la présomption légale de gratuité. La législation actuelle s'est montrée plus sévère sur ce point ; l'article 918 comprend toutes les aliénations à fonds perdu, qu'elles soient ou non avec réserve d'usufruit, et toutes les ventes avec réserve d'usufruit, qu'elles soient ou non à fonds perdu. Cette innovation a sans doute pour raison que la vente avec réserve d'usufruit, ne diminuant aucunement les revenus de l'aliénateur, permet de supposer plus facilement qu'il n'y a là qu'une libéralité, et qu'il est impossible, à cause des difficultés que présente l'évaluation d'un droit viager, de décider jusqu'à quel point l'acte est à titre onéreux ou à titre gratuit.

On s'est demandé si l'aliénation à charge de rente viagère devait tomber sous la présomption légale de gratuité quand la rente viagère doit être servie à un tiers. Nous croyons que, dans ce cas, on ne saurait appliquer l'article 918 ; la vente de la nue propriété avec attribution de l'usufruit à un tiers ne rentrerait pas dans l'hypothèse de la loi. Or, comme la vente avec réserve d'usufruit et la vente à fonds perdu sont mises sur la même ligne, nous devons donner la même décision quand la rente viagère n'a pas été constituée sur la tête de l'aliénateur ; dans ce cas, d'ailleurs, le soupçon de fraude dont le contrat était entaché aux yeux de la loi disparaît, puisque les arrérages sont dus à un étranger, qui ne donnera probablement pas de quittances simulées et qui peut survivre à l'aliénateur.

L'article 918 comprend, par la généralité de ses termes, tant les aliénations à titre onéreux que les aliénations à titre gratuit. Néanmoins, il y a deux cas où il paraît difficile d'admettre que les dispositions du défunt doivent être considérées, d'après notre article, comme dispensées du rapport, c'est-à-dire imputables sur la quotité disponible : 1° quand la donation pure et simple consiste dans la nue propriété d'une chose ; 2° quand la donation est faite à la charge d'une rente viagère égale ou inférieure au revenu du bien donné. Dans ces deux cas, en effet, il est difficile de comprendre pourquoi ces donations ne seraient pas soumises au rapport et imputées sur la réserve (1). Nous devons dire cependant que, d'après l'opinion généralement reçue, il n'y a aucune exception pour les actes qui sont compris dans les termes de notre article.

Nous avons à examiner maintenant quelles sont les personnes auxquelles s'applique la présomption légale de gratuité : ce sont, nous dit l'article 918, les successibles en ligne directe. Le mot « successible » désigne, de même que le mot « héritier », celui qui est effectivement appelé à la succession au moment où elle est ouverte. Nous croyons donc que si le parent en ligne directe, acquéreur, était héritier présomptif au moment de l'acte et ne venait pas à la succession, l'article 918 ne pourrait être appliqué ; s'il est prédécédé, on ne pourra opposer à ses héritiers la présomption légale ; s'il ne vient pas parce qu'il a renoncé à la succession, il nous semble que la même décision devra être donnée. En effet, il est censé n'avoir jamais été héritier (art. 785), et la présomption légale ne saurait être étendue à d'autres que ceux désignés par la loi, et la loi ne nomme que les successibles. Le mot « rapporté », dont se sert l'article 918, indique d'ailleurs que le législateur s'est préoccupé de régler les droits de différents cohéritiers l'un vis-à-vis de l'autre.

Si le parent en ligne directe, acquéreur, n'était pas héritier présomptif au moment du contrat, mais se trouve successible

(1) Demolombe, t. II, n° 506.

au moment de l'ouverture de la succession et l'accepte, faudra-t-il appliquer l'article 918? Nous ne le croyons pas, quoique la lettre de notre article semble décider pour l'affirmative (1); mais le but du législateur, en établissant la présomption, a été d'empêcher des fraudes au moyen desquelles un héritier obtiendrait, aux dépens de ses cohéritiers, une part plus grande qu'il ne lui est permis. Ici il n'y a aucune fraude à craindre ; la présomption légale ne saurait donc être appliquée.

L'article 918 s'applique à tous les parents en ligne directe, tant aux descendants qu'aux ascendants; il ne s'applique jamais aux héritiers en ligne collatérale : ainsi des ascendants venant à la succession avec un collatéral ne pourraient pas se prévaloir contre ce dernier de la présomption légale ; la raison de cette différence est que toute personne sera plus portée à commettre des fraudes contre la loi en faveur de ses héritiers en ligne directe qu'en faveur de parents éloignés.

Lorsque l'article 918 est reconnu applicable, l'acte est considéré comme une donation; la valeur de l'objet aliéné sera imputée sur la portion disponible et l'excédant rapporté à la masse; c'est l'application de l'article 844; mais la signification du mot « rapporté » ne doit pas être restreinte à la matière spéciale de l'article 844. Il s'agit ici de réduction, et l'héritier, même en renonçant, ne pourrait conserver une libéralité excédant la quotité disponible. Pour que l'imputation de la donation sur la quotité disponible puisse avoir lieu, il faut que ce disponible n'ait point encore été épuisé par des libéralités que le défunt aurait faites antérieurement aux aliénations qu'il a faites à son successible. Si donc le disponible avait été épuisé, la donation devra être rapportée (ou réduite) en totalité. Dans

---

(1) Coin-Delisle, art. 918, n° 6; Marcadé, art. 918 ; Demante, t. IV, n° 56 *bis*, VI; Saintespès-Lescot, t. II, 397; Troplong, t. II, n°s 874-876; Demolombe, t. II, n° 512.

ce cas, si l'acte a réellement été fait à titre onéreux, l'application de l'article 918 sera fort rigoureuse pour le successible. Pour remédier à cet inconvénient, on a proposé de permettre à l'héritier de combattre par la preuve contraire la présomption légale de gratuité ; mais cette doctrine ne peut être acceptée. En effet, nulle preuve ne saurait être admise contre la présomption de la loi lorsque, sur le fondement de cette présomption, elle annule certains actes, et ici l'acte est certainement annulé en tant que contrat à titre onéreux. D'ailleurs le motif de la présomption légale de l'article 918 est d'empêcher des preuves difficiles à faire.

L'héritier qui prétendrait avoir payé certaines sommes au défunt ne saurait être admis à les répéter ; l'article 918 ne lui accorde pas ce droit ; en lui permettant de l'exercer, on lui permettrait de prouver que l'acte est à titre onéreux, ce qui n'est pas possible, puisque la loi le considère comme une donation. On a invoqué contre notre opinion l'article 26 de la loi du 17 nivôse an II, qui accordait à l'acquéreur le droit de réclamer tout ce qu'il justifierait avoir payé au delà du revenu de la chose aliénée ; mais cette disposition de la loi de nivôse n'était faite qu'en faveur de ceux dont le titre était antérieur à la promulgation de la loi et pour mitiger la rigueur de l'annulation rétroactive des contrats qu'ils avaient passés ; toute action en répétition était refusée à ceux qui, postérieurement à la promulgation de la loi, avaient consenti des actes qu'elle prohibait (1).

La présomption légale étant absolue, les cohéritiers qui, conformément à l'article 918, considèrent comme donation un acte fait par le défunt sous la forme d'un contrat à titre onéreux,

_____

(1) Delvincourt, t. I, p. 62, note 12 ; Grenier, t. IV, n° 644 ; Vazeille, art. 918, n° 9 ; Saintespès-Lescot, t. II, p. 408 ; Vernet, p. 437 ; Demolombe, t. II, n° 518.

ne sauraient exiger de l'acquéreur des sommes qu'il aurait à payer d'après l'acte d'acquisition.

La loi, tout en frappant d'une présomption de gratuité les aliénations avec réserve d'usufruit ou à fonds perdu, fournit cependant aux parties qui sont de bonne foi un moyen de conserver à leur convention le caractère de contrat à titre onéreux qu'elle a réellement; elle a donc décidé que ces aliénations seraient considérées comme sincères si les autres successibles en ligne directe y ont donné leur consentement. Une grave difficulté s'est élevée ici sur la question de savoir si le consentement de tous ceux qui étaient successibles au moment du contrat suffit pour imprimer à l'acte le caractère qu'ont voulu lui donner les parties; si le consentement des personnes qui n'étaient pas successibles au moment de l'aliénation, mais qui le sont au moment de l'ouverture de la succession, n'est pas nécessaire pour empêcher l'application de la présomption légale de gratuité.

Quoiqu'un assez grand nombre d'auteurs (1) soutiennent que la sincérité de l'aliénation est incontestable quand ceux qui étaient héritiers présomptifs au jour du contrat ont donné leur consentement, même si au jour du décès il se trouve d'autres successibles, nous déciderons que, quand un héritier n'a pas consenti à l'aliénation, qu'il fût ou non successible au moment où l'acte a été passé, il a le droit de demander l'application de l'article 918. Cette opinion est adoptée par la jurisprudence, et elle nous semble en tout conforme au texte et à l'esprit de la loi. La doctrine contraire aboutirait à des conséquences évidemment inadmissibles : Un père fait une vente avec réserve d'usufruit à ses deux enfants; plus tard il naît un troisième enfant; ce troisième enfant ne sera-t-il pas admis à

(1) Toullier, t. III, n° 132; Grenier, t. II, n° 542; Coin-Delisle, art. 918, n° 10; Marcadé, art. 918, n° 171, Saintespès-Lescot, t. II, n° 407.

invoquer la présomption légale de gratuité? Le texte de notre article n'admet aucune distinction : tout successible qui n'a pas consenti à l'aliénation a le droit d'exiger l'imputation et le rapport (ou la réduction); il n'y a de successibles que lorsque la succession est ouverte. Ceux donc qui, n'étant pas héritiers présomptifs, ne sont pas intervenus au contrat, n'ont pas donné de consentement; ils peuvent donc invoquer l'article 918. On nous oppose l'article 26 de la loi du 17 nivôse an II, qui, quoique bien plus sévère que la législation actuelle, exigeait seulement l'intervention des *parents* du degré de l'acquéreur ou des degrés plus prochains; d'où l'on conclut que telle doit être la signification de l'article 918. Mais les rédacteurs du Code, loin de consacrer le système de la loi de nivôse, ont, au contraire, prouvé qu'ils n'adoptaient pas cette partie de l'article 26 en remplaçant le mot *parents* par le mot *successibles*. Il est vrai que, dans notre système, les parties ne pourront jamais assurer d'une façon définitive les contrats qu'elles font; mais cette objection ne saurait changer le texte de la loi, qui a voulu que la présomption de gratuité qu'elle établit ne cessât d'être appliquée que par l'effet du consentement des personnes auxquelles pouvait nuire le contrat en question (1).

Tout le monde admet que ceux des successibles qui ont donné leur consentement à l'aliénation sont liés, quoiqu'au décès il existe d'autres successibles qui n'ont pas consenti; l'aliénation serait alors considérée comme un acte à titre onéreux à l'égard de ceux qui ont donné leur approbation, et comme une donation à l'égard des autres.

L'article 918 ne soumettant le consentement à aucune condition de forme, il s'ensuit qu'il pourrait être donné, soit dans

(1) Delvincourt, t. 1, p. 65, note 12; Poujol, art. 918, n° 4; **Vazeille**, art. 918, n° 5; Duvergier sur Toullier, t. V, n° 132, note; Troplong, **t. II**, n° 853; Vernet, p. 441 et suiv.; Demolombe, t. I, n° 527.

l'acte même, soit par un acte séparé, avant ou après le contrat.

Les mots qui terminent l'article 918 : « ni, dans aucun cas, par les successibles en ligne collatérale, » contiennent une vérité tellement évidente qu'elle est inutile à dire. Comment, en effet, les collatéraux demanderaient-ils l'imputation sur la quotité disponible et le rapport, ou, en d'autres termes, la réduction de ce qui excède cette quotité, puisque la loi ne leur a accordé aucune réserve, et qu'à leur égard toute la succession est disponible?

SECTION II.

A quelle époque et par qui l'action en réduction peut-elle être exercée?

Le droit de réduction, étant la sanction de la réserve, prend naissance avec elle; le droit de réserve ne s'ouvre que par la mort de celui dans la succession duquel la réserve sera prise. L'action en réduction ne peut donc être intentée qu'après le décès du disposant; c'est à cette époque seulement qu'il est possible de connaître le nombre et la qualité des héritiers réservataires qui sont appelés à sa succession, car la libéralité, qui n'eût pas dépassé la quotité disponible si le disposant était mort le jour même où elle a été faite, peut se trouver exagérée et sujette à réduction au moment de son décès, ou réciproquement. De ce que l'action en réduction est un droit de succession, il suit que les héritiers réservataires ne peuvent renoncer à cette action du vivant de leur auteur, puisque la loi défend toute stipulation sur une succession non ouverte, même avec le consentement de celui de la succession duquel il s'agit. Nous avons vu que l'article 918 contenait une exception remarquable à cette règle.

Nous avons à examiner maintenant quelles sont les personnes auxquelles appartient l'action en réduction. La réduction des dispositions entre vifs, nous dit l'article 921, ne pourra être demandée que par ceux au profit desquels la loi fait la réserve, par leurs héritiers ou ayants cause. Les donataires, les légataires ni les créanciers du défunt ne pourront demander cette réduction ni en profiter.

En première ligne, l'action en réduction est accordée aux héritiers réservataires, et cette disposition est logique, car, sans cette action, la réserve que la loi leur a attribuée ne serait souvent qu'un droit illusoire. Nous avons vu que la réserve ne saurait être accordée à un héritier qui renonce. Il faut donc, pour pouvoir exercer l'action en réduction, que l'héritier accepte la succession du défunt. Peu importe que l'acceptation soit pure et simple ou sous bénéfice d'inventaire. Quoique la qualité d'héritier acceptant soit indispensable pour l'exercice de l'action en réduction, le droit d'exercer cette action est un droit qui naît dans la personne des héritiers; en faisant réduire une donation, ils ne représenteraient nullement le défunt, qui n'aurait pu attaquer cette donation, pour laquelle il devait peut-être même garantie. Le droit de réduction, une fois qu'il est né dans la personne de l'héritier, est transmissible comme tous ses biens; ses héritiers peuvent donc l'exercer. Les ayants cause du réservataire sont ses successeurs irréguliers, ses cessionnaires, ses donataires ou légataires et ses créanciers.

Le droit des créanciers du réservataire de profiter de l'action en réduction que la loi lui donne, découle naturellement du principe que tous les biens d'un débiteur sont le gage de ses créanciers. Si l'héritier néglige de faire valoir son droit sur la réserve, les créanciers pourront, d'après l'article 1166, exercer l'action en réduction à sa place; ils pourront même exercer cette action malgré sa volonté si le réservataire a renoncé à son droit en fraude de leurs créances (art. 1167) (1).

L'article 921 nous apprend que les donataires, les légataires et les créanciers du défunt ne peuvent ni demander la réduction ni en profiter. Quant aux créanciers, notre article ne sera applicable que si l'héritier réservataire a accepté la succession du défunt sous bénéfice d'inventaire; car si l'acceptation est pure et simple, les créanciers du défunt deviennent, par suite de la confusion des deux patrimoines du défunt et de l'héritier, créanciers personnels du réservataire, et, comme tels, ils auront le droit d'exercer toutes les actions appartenant à leur débiteur, et, par suite, l'action en réduction. Quant aux donataires et légataires, la disposition de l'article 921 est inutile. En effet, les donataires et légataires ne peuvent avoir aucune action en réduction, puisque cette action n'est que la sanction du droit de réserve, droit qui a été établi contre eux. Il est évident que si les héritiers réservataires voulaient faire réduire une libéralité sans toucher aux legs ou aux donations postérieures, le donataire aurait le droit de les repousser; mais en agissant ainsi, il ne ferait que maintenir l'ordre de réduction établi par la loi; en demandant à ne pas subir la réduction avant que son tour soit venu, il ne profiterait pas de la réduction : il se bornerait à repousser une attaque injuste. Il est probable que c'est par erreur que l'article 921 a fait mention des donataires et légataires; la préoccupation principale des rédacteurs de cet article s'est portée sur les créanciers, et la preuve en est que, dans la discussion au Conseil d'État et au Tribunat, il n'a nullement été question des donataires et légataires. Si le défunt a fait une libéralité annulable en totalité ou en partie

---

(1) Grenier, t. I, n° 593 ; Poujol, art. 921, n°s 3 et suiv.; Saintespès-Lescot, t. II, n° 447; Coin-Delisle, art. 921, n° 3 ; Troplong, t. II, n° 930; Vernet, p. 466; Demolombe, t. II, n° 210.

pour incapacité ou pour vice de forme, les donataires et légataires pourront éviter l'action en réduction de l'héritier en
soutenant que la quotité disponible n'a pas été dépassée, et que
l'héritier, en faisant usage des actions en nullité, peut faire
rentrer dans l'hérédité les biens qui forment l'objet des libéralités annulables, et trouvera ainsi sa réserve complète dans
la succession. Cette hypothèse n'a rien de commun avec la réduction des libéralités excessives prévue par l'article 921 (1).

L'art. 921 n'accorde aux héritiers réservataires que le droit
de faire réduire les donations entre vifs ; mais il est évident que
les dispositions testamentaires sont exposées à la même action
que les donations, si elles entament la réserve. La raison pour
laquelle le législateur ne s'est pas occupé des legs dans l'art. 921
se trouve dans la différence qui existe entre les donations et
les legs quant au droit de réduction ; le législateur a voulu faire
remarquer qu'à l'égard des donations, le droit de réduction
appartenait aux héritiers réservataires seuls ; il en est autrement à l'égard des legs : les biens qu'a laissés le défunt doivent
servir à payer tant les légataires que les créanciers ; mais ces
derniers ont pour gage tout le patrimoine du défunt, dont les
dispositions testamentaires ne peuvent être valables que quand
tous ses créanciers sont désintéressés. Les créanciers ont donc
le droit de faire réduire les legs, ou même de les rendre complétement inutiles, si les biens du défunt ne suffisent pas, et ce
droit leur appartient soit qu'il y ait, soit qu'il n'y ait pas d'héritier réservataire.

Il nous reste à examiner par quelles fins de non-recevoir ceux
qui ont droit à l'action en réduction peuvent être repoussés.
L'action en réduction s'éteint quand des héritiers à réserve y

(1) Duranton, t. VIII, n°s 320 et 327 ; Zachariæ, Aubry et Rau, t. V,
p. 578 ; Demante, t. IV, n° 59 bis ; Vernet, p. 470 ; Demolombe, t. II,
n° 218.

renoncent. Cette renonciation doit être faite après l'ouverture de la succession ; elle peut être tacite ou expresse. La renonciation expresse peut être faite sans aucune forme, mais il faut que la volonté du réservataire soit manifestée d'une manière non équivoque. La renonciation tacite résulte de certains faits qui font présumer chez l'héritier l'intention de ne pas se prévaloir de son droit ; ce sera généralement une question de fait que de juger si l'acte émané du réservataire est suffisant pour faire supposer qu'il a voulu se départir d'un droit aussi précieux. Ainsi, lorsque l'héritier a reçu un legs qui doit lui tenir lieu de réserve, on ne pourra lui opposer l'acceptation de ce legs comme une présomption de la renonciation tacite à l'action en réduction, si le legs ne le remplit pas de sa réserve (1). Nous donnerons la même décision si l'héritier a fait lui-même délivrance des biens donnés ou légués aux donataires ou légataires ; car il est possible qu'il n'ait pas eu une connaissance exacte de la quotité de biens laissée par le défunt, au moment où il exécutait ses dispositions ; pour la même raison, nous croyons que la simple approbation donnée par l'héritier à la donation ou au testament ne saurait lui faire perdre son droit de réduction.

On s'est demandé si l'acceptation pure et simple entraînait pour l'héritier réservataire déchéance de son droit de réduction. Nous croyons que le réservataire peut agir en réduction après l'acceptation pure et simple ; car la loi n'a nulle part fait de l'acceptation bénéficiaire une condition de l'action en réduction, et il ne nous est pas permis d'introduire une déchéance que la loi n'a pas prononcée. On nous objecte que l'héritier est tenu, en cas d'acceptation pure et simple, de toutes les dettes du *de cujus* ; qu'il est forcé de respecter tous les actes faits

(1) Toullier, t. III, n° 965 ; Grenier, t. II, n°ˢ 325, et t. IV, n°ˢ 650 et 651 ; Troplong, t. II, n° 928 ; Demolombe, t. II, n° 229.

par lui, et par conséquent les donations qu'il n'aurait pu attaquer ; mais le droit de réduction n'a rien de commun avec ces obligations, puisque ce droit est accordé par la loi à l'héritier pour le protéger contre les actes du défunt qui pourraient le léser. Nous pensons même que l'héritier, acceptant purement et simplement, n'est point forcé de faire dresser un inventaire des biens qui composent la succession ; aucun texte ne lui impose cette obligation. La preuve de la consistance des biens peut être faite par tous les moyens ; le résultat de cette preuve sera apprécié par les juges. Cette opinion était, dans notre ancien droit, celle de Ricard et de Pothier (1).

L'action en réduction appartenant aux héritiers réservataires peut s'éteindre aussi par la prescription, d'après le principe suivant lequel toutes les actions, tant réelles que personnelles, sont prescrites par trente ans (art. 2262). Nous devons distinguer cependant, quant à la durée de la prescription, si les biens dont le défunt a disposé sont restés entre les mains des donataires ou s'ils ont passé entre les mains de tiers acquéreurs.

Quant aux donataires, ils ne sont libérés que par la prescription de trente ans. Le donataire prescrit à l'effet de se libérer d'une obligation, car au moment où il a reçu la libéralité, il s'est engagé tacitement à restituer les choses données en totalité ou en partie, dans le cas où la disposition du défunt dépasserait la quotité disponible. Mais au bout de ces trente ans, le donataire est à l'abri tant de l'action personnelle que de l'action en revendication. En effet, la réduction ne s'opère pas de plein droit ; elle n'a lieu que sur la demande de l'héritier ; ce

---

(1) Ricard, Traité des Donations entre vifs, 3e partie, ch. VIII, sect. 5, nos 993-1001 ; Pothier, Traité des Donations entre vifs, sect. 3, art. 5, § 8, et Introduction au titre XV de la coutume d'Orléans, no 90 ; Merlin, Répertoire, vo Légitime, sect. V, § 5 ; Coin-Delisle, art. 921, no 5 ; Saintespès-Lescot, t. II, no 447 ; Vernet, p. 507 ; Demolombe, t. II, no 233.

n'est qu'après que la réduction a été prononcée que peut commencer l'action en revendication ; si donc, par suite de la prescription, l'action personnelle ne peut être exercée, l'action en revendication se trouve éteinte, ou plutôt elle n'a jamais existé.

Quand les biens donnés se trouvent entre les mains d'un tiers acquéreur, la prescription pourra s'accomplir par dix ou vingt ans, si le détenteur est de bonne foi ; tel sera le cas où il n'aura pas su que le bien dont il faisait acquisition était soumis à la réduction ; si, au contraire, il connaissait l'origine de la propriété de son auteur, il n'ignorait pas la chance d'éviction, et il ne pourra prescrire que par trente ans.

Le point de départ de la prescription est le même pour les donataires ou légataires et pour les tiers acquéreurs ; le jour de l'ouverture de la succession, l'action en réduction ne naît que le jour du décès ; il serait impossible de faire courir contre les héritiers réservataires une prescription qu'ils n'auraient pas le droit d'interrompre.

Quant aux causes d'interruption et de suspension, la prescription de l'action en réduction est soumise aux règles du droit commun.

SECTION III.

Dans quel ordre s'exerce la réduction, comment elle s'opère, et quels en sont les effets.

L'héritier réservataire ne peut faire usage de son droit de réduction que quand il ne trouve pas dans les biens laissés par le défunt la réserve qui lui est accordée par la loi. Lorsque les biens extants ne suffisent pas pour le remplir de sa réserve, il se la procure en faisant réduire celles des libéralités du défunt qui ont porté atteinte à son droit, mais il ne peut faire réduire que celles-là; c'est de cette idée que découle naturellement l'ordre dans lequel l'action en réduction s'exerce contre les différentes dispositions du défunt; ces dispositions réductibles sont évidemment les dernières qu'il a faites après avoir déjà épuisé par d'autres libéralités la portion de biens dont il lui est permis de disposer. Ce principe a été consacré par l'art. 928 en ces termes : « Il n'y aura jamais lieu à réduire les donations entre vifs, « qu'après avoir épuisé la valeur de tous les biens compris dans « les dispositions testamentaires, et lorsqu'il y aura lieu à cette « réduction, elle se fera en commençant par la dernière dona- « tion, et ainsi de suite en remontant des dernières aux plus an- « ciennes. » Ainsi, la réduction porte d'abord sur les dispositions testamentaires ; en effet, ce sont les dernières libéralités faites par le défunt, puisqu'elles n'entrent en existence qu'au moment de son décès ; ensuite le principe de l'irrévocabilité des donations faisait obstacle à la réduction simultanée des legs et des libéralités entre vifs ; rien n'aurait été plus facile que d'éluder cette règle de droit, si, au moyen des dispositions testamentaires postérieures, le donateur avait pu rendre inefficaces, en tout ou en partie, les donations qu'il avait faites.

Si la quotité disponible est absorbée en entier par les libéralités entre vifs, l'art. 925 nous dit que toutes les dispositions testamentaires sont caduques ; dans ce cas donc il ne peut être question de la réduction du legs ; mais il en est autrement quand c'est la valeur des legs qui entame la réserve. Voici quelle est sur ce point la règle écrite dans l'art. 926 : « Lorsque les dis- « positions testamentaires excéderont soit la quotité disponible, « soit la portion de cette quotité qui resterait après avoir déduit « la valeur des donations entre vifs, la réduction sera faite au « marc le franc, sans aucune distinction entre les legs universels « et les legs particuliers. » Ainsi, dans tous les cas, la réduction se fera proportionnellement, et cette règle est tout à fait conforme à la logique, aucune de ces dispositions ne pouvant être considérée comme la dernière, puisque tous les droits que confère un testament naissent au même instant, au moment de la mort du testateur. Il n'y aura donc aucune distinction à faire entre des legs écrits dans des testaments faits à des dates différentes, ni entre le legs qui est écrit le premier et celui qui est fait au milieu ou à la fin du testament.

La règle de la réduction au marc le franc s'applique à tous les legs, quels qu'ils soient, universels, à titre universel, ou à titre particulier; c'est là une innovation introduite par la législation actuelle. Dans notre ancien droit coutumier (1), le retranchement pour la légitime des enfants portait d'abord sur les légataires universels, et l'on donnait pour raison de ce système la volonté présumée du testateur, qui, disait-on, n'avait voulu attribuer aux légataires universels que ce qui resterait après l'acquittement de toutes les charges héréditaires. La section de législation du Conseil d'État avait reproduit ce système dans l'art. 50 du projet du titre des donations entre vifs et des testaments; cet article donnait au légataire universel le droit de relever le quart sur la masse des biens non réservés (2); on revenait ainsi à la *quarte Falcidie* du droit romain, et de nos provinces de droit écrit; le projet ne fut pas adopté, et la section de législation proposa d'ajouter les mots qui terminent aujourdhui l'art. 926 : « pour éviter l'équivoque qui naîtrait si l'on invoquait l'ancienne jurisprudence.» La doctrine du Code nous semble plus raisonnable que celle de nos coutumes; ce que le défunt a voulu, sans aucun doute, c'est que toutes ses dispositions fussent exécutées; il est bien difficile de décider s'il a voulu montrer plus d'affection à la personne à laquelle il a donné un legs

---

(1) Pothier, Des Donations entre vifs, sect. 3, art. 5, § 6, et Introduction au tit. XV de la coutume d'Orléans, n° 82; Ricard, 3e partie, n° 1111; Lebrun, liv. II, ch. III, sect. 8, n° 2.

(2) Locré, Législation civile, t. XI, p. 312.

particulier, qu'à celle qui doit recevoir un legs universel ; de sorte que si la valeur des legs est telle qu'il y a lieu à réduction, la manière d'opérer la plus conforme à l'intention vraisemblable du testateur sera de réduire tous les legs proportionnellement.

Il pourra très-bien se faire que le légataire universel n'ait rien. Par exemple : Un testateur ayant un enfant meurt laissant une fortune de 100,000 fr. Il a fait un legs universel et des legs particuliers pour 100,000 fr. Dans ce cas, l'enfant fera faire la réduction de moitié de toutes les dispositions testamentaires ; il restera donc 50,000 fr. qui seront pris par les légataires particuliers, et le légataire universel qui est chargé de les payer n'aura rien. Mais ce résultat ne provient pas ici de la réduction, il provient de la disposition même du défunt ; le légataire universel aurait été dans la même position si le défunt était mort sans laisser d'héritier à réserve ; il aurait trouvé 100,000 fr. dans la succession, mais étant chargé de payer 100,000 fr. de legs particuliers, il n'aurait rien conservé pour lui (1).

La réduction doit donc être faite au marc le franc sans aucune distinction entre les legs universels et les legs particuliers ; mais comment alors interpréter l'art. 1009, qui est ainsi conçu : « Le légataire universel qui sera en concours avec un « héritier auquel la loi réserve une quotité des biens, sera tenu « des dettes et des charges de la succession du testateur, person- « nellement pour sa part et portion, et hypothécairement pour le « tout ; et il sera tenu d'acquitter tous les legs, sauf le cas de « réduction, ainsi qu'il est expliqué aux art. 926 et 927. » Il semble que cet article contienne deux idées contradictoires ; il dit que le légataire universel sera tenu de payer tous les legs,

_____

(1) Duranton, t. VIII, n° 363 ; Marcadé, art. 926, n° 11 ; Vernet, p. 473 et suiv. ; Demolombe, t. II, n° 551.

et il ajoute comme exception, en se référant à notre art. 926 :
« sauf le cas de réduction. » Mais l'exception sera aussi étendue
que la règle, car, dans tous les cas où un légataire universel
se trouve en présence d'un héritier à réserve, il y aura lieu à
réduction.

Quelques auteurs ont enseigné que la règle posée par l'article 1009 s'applique au cas où le légataire universel, n'étant
pas soumis à la réduction, doit acquitter tous les legs particuliers en totalité ; c'est le cas où le disposant a fait un legs de
tous les biens dont la loi lui permet de disposer. Le légataire
est universel, puisqu'il a vocation à la totalité de l'hérédité
dans le cas où les héritiers seraient morts, indignes, incapables ou renonçants au moment du décès du *de cujus*. Quand le
testateur a donc fait un legs de toute la quotité disponible, la
présence des héritiers réservataires ne diminue pas la valeur
du legs ; le légataire universel reçoit tout ce à quoi il a droit ;
il doit donc exécuter tout ce qui est mis à sa charge, et il ne
pourra réduire les legs particuliers.

Cette interprétation de l'article 1009 ne nous satisfait pas ;
le législateur ne nous semble pas avoir eu en vue, dans
l'article 1009, cette hypothèse exceptionnelle ; ensuite nous
croyons que, dans certains cas, même quand le legs est de la
quotité disponible, on devra admettre le légataire à réduire des
legs particuliers qui ont été faits *en sus du disponible* (1). Nous
adopterons de préférence une autre explication qui est fondée
sur les termes mêmes de l'article 1009. Le législateur place en
face de la succession un héritier réservataire et un légataire
universel, et il distingue la part que chacun devra supporter
dans les charges héréditaires ; il s'occupe d'abord des dettes ;
l'héritier et le légataire devront les acquitter chacun pour sa
part et portion, car elles portent sur la succession entière. Dans

(1) Duranton, VIII, 364 et 364 *bis*.

la seconde partie de l'article, le législateur nous parle des legs, et il décide que c'est le légataire universel seul qui doit acquitter tous les legs, mais non en totalité, car il renvoie à l'article 926 et déclare par là qu'ils ne devront être acquittés qu'après avoir été réduits conformément au principe établi par la loi. L'expression de *tous les legs* dont se sert le législateur a pour but de nous indiquer que le payement des legs, quels qu'ils soient, ne peut jamais être mis à la charge de l'héritier à réserve (1).

L'article 926 n'établissant aucune différence fondée sur le caractère du legs, nous devons soumettre à la réduction proportionnelle tous les legs, soit de corps certains, soit de genre, soit de quantité, sans distinguer s'ils ont pour objet une chose divisible ou une chose indivisible.

La règle d'après laquelle tous les legs doivent être réduits simultanément est fondée sur la supposition que le testateur aurait conservé entre les légataires la proportion indiquée par son testament s'il avait su que ses libéralités dépassaient la quotité disponible; mais cette règle cesse d'être applicable quand le testateur a manifesté une volonté contraire; c'est ce que nous dit l'article 917 : « Néanmoins, dans tous les cas où le « testateur aura expressément déclaré qu'il entend que tel legs « soit acquitté de préférence aux autres, cette préférence aura « lieu, et le legs qui en sera l'objet ne sera réduit qu'autant que « la valeur des autres ne remplirait pas la réserve légale. » D'après les termes de cet article, il est donc indispensable que le disposant ait manifesté en termes exprès la volonté que le legs auquel il accorde la préférence ne soit réduit qu'après les autres. Il est impossible d'admettre que soit la nature du legs, soit les motifs énoncés par le testateur, soit d'autres circonstances, puissent être une raison suffisante d'excepter un legs de la règle de l'article 926. Les termes de la loi sont formels :

(1) Demolombe, t. II, nos 552 et suiv.

le testateur doit avoir déclaré expressément sa volonté. Il est inutile de dire que la loi n'exige pas l'emploi d'une formule sacramentelle. Le testateur peut sans aucun doute se servir de termes équivalents à ceux de l'article 927 ; mais sa volonté doit être exprimée de façon à ce qu'il soit indubitable qu'il a prévu le cas de réduction ; les inductions qu'on voudrait tirer de l'objet, des motifs, des modalités, des termes du legs, ouvriraient la porte à une interprétation qui tomberait infailliblement dans l'arbitraire, et le but que s'est proposé le législateur dans l'article 927 serait manqué (1).

Le procédé qu'on suit pour appliquer la règle de la réduction proportionnelle est bien simple : il faut supposer que le défunt est mort sans héritier à réserve, et déterminer ce qui, dans ce cas, reviendrait aux légataires ; on compare ensuite la valeur des biens auxquels l'héritier a droit pour sa réserve à la valeur des biens légués, et cette comparaison indiquera la fraction de laquelle la valeur des biens légués doit être réduite pour tous les legs ensemble et pour chacun proportionnellement. Ainsi, un homme ayant un enfant et un actif de 100,000 francs meurt ayant fait des legs pour la totalité de cette somme ; la réserve est de moitié ; chaque légataire verra son legs réduit de la moitié de ce qui lui était attribué par le testament. L'héritier aura toujours le droit d'exiger la réduction en nature, puisque tel est son droit de réserve. Si l'objet légué est un corps certain indivisible, il faudra avoir recours à la licitation. Quelques auteurs ont proposé un procédé qui, quoiqu'il ne soit pas conforme au droit rigoureux, nous semble fort équitable : le légataire gardera le corps certain qui lui a été légué et récompensera l'héritier en argent de la somme dont son legs devra être ré-

(1) Duranton, t. VIII, nº 355 ; Marcadé, art. 927 ; Coin-Delisle, art. 927, nº 11 ; Saintespès-Lescot, t. II, p. 544 ; Vernet, p. 478 ; Demolombe, t. II, nºs 463 et suiv.

duit; ce procédé sera même le seul applicable quand la nature du droit légué rend la licitation impossible. Tel serait le cas où le défunt aurait légué une servitude sur un fonds qui lui appartient au propriétaire d'un fonds voisin.

Nous arrivons à la seconde partie de l'article 923, qui traite de la réduction des donations entre vifs. Cette réduction se fera en commençant par la dernière; en effet, c'est la dernière donation qui aura dépassé les limites de la quotité disponible; les premières sont irréprochables, puisque le disposant n'a fait que ce que la loi lui permettait de faire. La réduction proportionnelle, appliquée aux donations entre vifs, aurait été une injustice et une violation du principe de l'irrévocabilité des donations.

La règle posée par l'article 923 pour la réduction chronologique s'applique à toutes les donations entre vifs, sans qu'il y ait des distinctions à faire, quant à la forme de la donation, quant aux modalités sous lesquelles elle a pu être faite, ou quant à la personne du donateur ou du donataire. Le donateur pourrait-il excepter de cette règle un donataire d'après l'article 927? S'il s'agit de plusieurs donations faites à des dates différentes, il nous semble impossible de permettre au donateur de changer l'ordre établi par la loi, car il se réserverait ainsi le droit de disposer d'une chose qu'il a donnée par acte entre vifs, acte essentiellement irrévocable. Nous admettrions, au contraire, le donateur à faire usage de l'article 927 quand il s'agit de plusieurs donations faites dans un seul acte, pourvu que sa déclaration de volonté soit faite en termes exprès.

La date d'après laquelle on détermine l'ordre de réduction des donataires est celle du moment où la donation a été parfaite. Lorsqu'un acte contient deux donations, ces deux donations devront être réduites au marc le franc, car, dans ce cas, il n'existe pas plus de privilége pour l'une que pour l'autre; elles ont reçu leur perfection au même instant. Si le même donateur a fait, par des actes séparés, plusieurs donations dans le même jour, différents cas peuvent se présenter : ou les actes ne contiennent ni les uns ni les autres la mention de l'heure à laquelle ils ont été faits, la réduction devra être proportionnelle entre les donataires, puisque aucun ne peut prouver que sa donation est la première; ou un seul des actes porte la mention de l'heure, nous donnerons la même décision que dans le premier cas et pour la même raison; ou tous les actes indiquent l'heure à laquelle chacun d'eux a été fait, alors la réduction devra être faite eu égard à la différence des heures indiquées dans les actes en commençant par celle qui a été faite en dernier. En effet, les termes de la loi sont catégoriques. En commençant par la dernière, il est évident que la donation faite à cinq heures du soir est la dernière par rapport à celle qui a été faite à midi. Il est vrai que la loi du 25 ventôse an XI sur le notariat n'a pas exigé la mention de l'heure dans les actes notariés; mais lorsque cette mention a été faite, elle est empreinte de l'authenticité dont est revêtu tout acte. On nous oppose l'article 2147, qui décide que les créanciers inscrits le même jour exercent en concurrence une hypothèque de la même date sans différence entre l'inscription du matin et celle du soir; mais cet article, qui est fondé sur des motifs particuliers et spéciaux à la matière pour laquelle il a été fait, ne saurait servir d'argument dans la question qui nous occupe. Si la donation qui a été faite en dernier était réduite au marc le franc avec les donations faites antérieurement, quoique le même jour, le donateur conserverait pendant la durée d'un jour le droit de disposer d'une chose dont il s'est dépouillé par un acte qui, aux yeux de la loi, est irrévocable (1).

(1) Duranton, t. VIII, n° 554; Vazeille, art. 923, n° 6; Paizol, art. 923, n° 4; Coin-Delisle, art. 923, n° 4; Troplong, t. II, n° 1002; Zachariæ, Aubry et Rau, t. V, p. 580; Saintespès-Lescot, t. II, n° 51; Vernet, p. 486; Demolombe, t. II, n°s 585 et 586.

Il existe dans notre législation certaines manières de disposer qui semblent participer à la fois du caractère des donations entre vifs et du caractère des legs : ce sont les institutions contractuelles et les donations entre époux pendant le mariage. A quel genre de réduction devrons-nous soumettre ces libéralités?

Quant aux institutions contractuelles, tout le monde est d'accord qu'elles doivent être réduites à leur date comme des donations entre vifs ordinaires. Il est vrai que les institutions contractuelles peuvent être rendues inefficaces par des dispositions à titre onéreux faites par le donataire ou par des dettes qu'il contracte; mais il est incontestable que, dès le moment du mariage, le donataire est saisi des biens qui font l'objet de la donation d'une façon irrévocable, en ce sens que le donateur ne peut pas, en faisant des libéralités nouvelles, enlever au donataire le droit éventuel dont il est investi. Ainsi, le défunt a-t-il fait plusieurs institutions contractuelles, la réduction se fera en commençant par la dernière, et ainsi de suite en remontant aux plus anciennes.

A l'égard des donations faites par l'un des époux à son conjoint pendant le mariage, la question est vivement controversée; nous donnerons ici la même décision que sur les institutions contractuelles. Les donations entre époux doivent être réduites après les legs et d'après l'ordre de leur date. Les partisans de l'opinion contraire fondent leur doctrine sur le principe que les donations entre époux sont toujours révocables. Ces donations, dit-on, sont assimilées aux legs; elles doivent donc être réduites au marc le franc comme les dispositions testamentaires. Nous ne croyons pas qu'il soit exact d'assimiler complétement les donations entre époux aux legs. En effet, le légataire n'a un droit sur la chose léguée qu'au moment du décès du disposant; l'époux donataire, au contraire, est saisi du droit au bien donné à partir du contrat de dona-

tion ; il est vrai que ce droit eŝt révocable, mais le donateur
n'en est pas moins dessaisi à la date de la donation ; de sorte
qu'en l'absence de révocation, ses créanciers n'ont aucun droit
sur les biens donnés, et les aliénations consenties par l'époux
donataire sont valables. On nous objecte qu'en faisant postérieurement des libéralités qui ont dépassé la quotité disponible
l'époux donateur a révoqué tacitement les donations qu'il avait
faites à son conjoint (1). Il nous semble que cette interprétation du défunt est arbitraire, car rien ne prouve que le donateur, au moment où il a fait les nouvelles donations, ait su
quelle était au juste sa quotité disponible ; il a pu se croire
plus riche qu'il n'était, ou il a pu éprouver des revers de fortune qui ont rendu exagérées les libéralités qu'il avait faites ;
l'époux donateur a eu sans doute plus d'affection pour son
conjoint que pour des étrangers. Nous pouvons donc supposer
qu'il a entendu que si, après l'acquittement de la libéralité
faite à son conjoint, il restait quelque chose du disponible, cet
excédant appartiendrait à ses nouveaux donataires. D'ailleurs
les articles 923, 924 et 925 opposent toujours les libéralités
entre vifs aux dispositions testamentaires ; nous sommes donc
autorisé à prendre les donations entre vifs dans leur sens le
plus étendu, qui comprend tant les institutions contractuelles
que les donations entre époux (2).

Il nous reste à examiner de quelle manière s'opère la réduction
et quels en sont les effets. La réserve n'étant qu'une portion de la
succession *ab intestat* dont le défunt ne peut, par ses libéralités,
dépouiller ses héritiers, les réservataires ont le droit de la demander en biens héréditaires, en nature, et ne peuvent être forcés à accepter, à la place de ces biens, la valeur estimative en argent. De

(1) Duranton, t. VIII, n° 357.
(2) Coin-Delisle, art. 923, n° 6 ; Zachariæ, Aubry et Rau, § 685 *bis*, texte
et note 6 ; Marcadé, art. 923, n° 1 ; Vernet, p. 480 et suiv.

ce principe il résulte que la réduction doit s'opérer en nature ; la clause faite par le donateur que la réduction s'opérerait au moyen d'une somme d'argent serait donc de nulle valeur. Cependant cette règle souffre quelques exceptions, et il convient, à cet égard, d'étudier séparément le cas où les biens donnés sont restés entre les mains du donataire, et le cas où c'est un tiers détenteur qui les possède au moment où s'ouvre la succession du *de cujus.*

C'est dans le premier cas que la règle de la réduction en nature trouve surtout son application ; que les choses données soient mobilières ou immobilières, le donataire peut être contraint à les restituer en nature soit en totalité, soit en partie, selon que la libéralité qu'il a reçue a absorbé ou entamé la réserve. Il existe cependant une exception à notre règle : lorsque le donataire soumis à réduction est lui-même au nombre des héritiers réservataires, et que la donation lui a été faite avec dispense de rapport ; cette hypothèse est prévue par l'art. 924 : « Si la donation entre vifs réductible a été faite à « l'un des successibles, il pourra retenir sur les biens donnés la « valeur de la portion qui lui appartiendrait comme héritier dans « les biens non disponibles, s'ils sont de la même nature. »

Dans l'art. 866, le législateur semble avoir donné sur la même hypothèse une décision toute différente ; cette contradiction apparente entre l'art. 924 et l'art. 866 a donné lieu à des explications trop nombreuses pour que nous puissions ici entrer dans les détails de chacune d'elles. Nous nous bornerons à reproduire celle qui nous semble la plus naturelle : Dans l'art. 924, le législateur a décidé que la réduction peut se faire en moins prenant au lieu de se faire en nature, s'il existe dans la succession des biens de même nature, valeur et bonté, dont on puisse former des lots à peu près égaux pour les autres cohéritiers. Cette décision, qui rend applicable à la réduction un principe qu'avait posé l'art. 859 pour le rapport, a été donnée dans le but de compléter la disposition de l'art. 866, qui prévoit le cas où il ne se trouve pas de biens de même nature dans la succession, et décide par conséquent que le rapport de l'excédant du disponible se fait en nature. Avec l'art. 924, les deux hypothèses qui peuvent se présenter sont prévues, et on appliquera soit cet article, soit l'art. 866, suivant qu'il y aura ou non dans la succession des biens de même nature que ceux qui ont fait l'objet de la donation (1).

Comment s'opérera la réduction lorsque le donataire contre lequel elle devra être exercée est insolvable? Supposons qu'un homme ait fait une première donation de 50,000 fr. à Primus et une seconde donation de la même somme à Secundus; il meurt laissant un fils et un actif qui est absorbé par ses dettes; la réserve se calculera sur les biens donnés seulement, elle sera donc de 50,000 fr. et devra être fournie par le donataire le plus récent; si Secundus est solvable, il n'y a aucune difficulté; il en sera de même si son insolvabilité n'était survenue que postérieurement à l'ouverture de la succession, car les droits des donataires et des héritiers à réserve sont fixés au moment du décès. Mais que décider si Secundus était déjà insolvable avant la mort de son donateur? Différentes solutions ont été proposées. Quelques auteurs enseignent, en suivant l'avis de Lebrun, que le donataire antérieur doit supporter seul l'insolvabilité du second donataire; c'est donc, dans notre espèce, contre Primus que l'héritier réservataire intentera son action en réduction et auquel il enlèvera la totalité de la somme qui lui a été donnée; en effet, d'après l'art. 923 la réduction doit se faire en commençant par la dernière donation, et ainsi de suite en remontant aux plus anciennes; l'héritier, dans notre cas, ne trouve pas sa réserve en exerçant son action contre le

(1) Demolombe, t. II, n°s 595 et suiv.

second donataire, il est donc autorisé à la chercher dans les libéralités faites antérieurement (1).

Dans un second système, la perte résultant de l'insolvabilité du second donataire sera supportée par l'héritier réservataire seul. L'art. 922 veut que les biens donnés soient compris dans la masse d'après leur état à l'époque de la donation et leur valeur au moment du décès du disposant, c'est-à-dire qu'on doit considérer l'objet donné comme si la donation n'avait pas été faite. Quand cet objet est une somme d'argent, cette valeur existerait dans le patrimoine du défunt si la donation n'avait pas été faite, c'est donc cette valeur qu'il faudra faire entrer dans la masse sans avoir égard à la solvabilité ou à l'insolvabilité du donataire; d'ailleurs, la première donation n'ayant pas dépassé la quotité disponible, il n'y a aucune raison pour le soumettre à la réduction (2).

Ces deux systèmes nous semblent trop absolus. Le premier aboutit à l'anéantissement de la quotité disponible, et donne au donateur un moyen facile de révoquer la libéralité que la loi déclare irrévocable, en faisant une nouvelle donation à une personne insolvable; le second système conduirait à priver l'héritier de la part que la loi lui réserve en permettant au *de cujus* d'en disposer de manière à rendre illusoire l'action en réduction; le législateur, en fixant l'époque des donations et le moment du décès pour déterminer l'état et la valeur des biens donnés, n'a certainement pas eu en vue le cas où le recouvrement des biens serait impossible par suite de l'insolvabilité du donataire. Nous aimons mieux adopter un troisième système

---

(1) Lebrun, Des Successions, liv. II, ch. III, sect. 8, n° 25; Grenier, t. II, n° 632; Toullier, t. III, n° 137; Vazeille, art. 923, n° 47; Pouzol, art. 923, n° 12; Troplong, t. II, n°ˢ 997 et 998.

(2) Lemaître, coutume de Paris, tit. XIV, ch. I, part. 3, p. 450; Mourlon, Répét. écrites sur le 2ᵉ examen du Code Napoléon, p. 273 et 274.

que nous trouvons dans Pothier (1) : Il faut, dit-il, faire abstraction des biens donnés au donataire insolvable, les considérer comme ayant été perdus, dissipés par le *de cujus* lui-
même, et par conséquent calculer la réserve eu égard aux
autres biens. La perte sera supportée par le premier donataire
et l'héritier réservataire en proportion de l'importance du droit
de chacun ; ainsi, dans notre espèce, la masse des biens sur
laquelle doivent être calculées la réserve et la quotité disponible consistera uniquement dans les 50,000 fr. donnés à Primus ; la réserve étant de moitié, le fils prendra 25,000 fr. et
Primus gardera 25,000 fr. De cette manière, chacun d'eux
aura subi une diminution de 25,000 fr. Si Secundus revenait à
meilleure fortune, tout ce que l'on en retirera devra être partagé également entre Primus et le fils réservataire (2).

L'action en réduction a pour effet de faire considérer le bien
donné comme n'étant jamais sorti du patrimoine du disposant ;
telle est la conséquence de la condition résolutoire tacite que
renferme toute donation, la condition qu'elle sera prise sur
la part dont la loi permet au donateur de disposer, et que les
biens donnés rentreront dans la succession du donateur dans
le cas où les libéralités qu'il a faites auraient entamé la réserve.

Pendant la vie du donateur toutefois, les donataires sont
vrais propriétaires des biens donnés, et comme tels tous les
fruits produits par ces biens leur sont irrévocablement acquis.
Quant aux fruits produits depuis l'ouverture de la succession,
voici ce que nous dit l'art. 928 : « Le donataire restituera les
fruits de ce qui excède la portion disponible, à compter du jour

(1) Traité des Donations, sect. III, art. 5, § 5, et Introduction au tit. XV
de la coutume d'Orléans, n° 83.
(2) Duranton, t. VIII, n° 339; Malleville, art. 930; Vazeille, art. 922,
n° 18; Coin-Delisle, art. 923, n° 8 et suiv.; Marcadé, art. 923, n° 3;
Saintespès-Lescot, t. II, n° 517; Demolombe, t. II, n° 606.

du décès du donateur, si la demande en réduction a été faite dans l'année, sinon du jour de la demande. » Notre ancienne jurisprudence observait une règle bien plus rigoureuse pour le donataire : il devait les fruits à partir du jour de l'ouverture de la succession, sans que le légitimaire fût obligé de faire aucune demande. L'innovation de notre article est fort raisonnable; en effet, le donataire, tout en sachant que la donation qu'il a reçue est soumise à l'action en réduction des héritiers, si elle entame la réserve, peut ignorer quel était le montant de la fortune du défunt, et en voyant les héritiers garder le silence pendant le laps d'un an, il peut légitimement supposer que les libéralités du défunt n'ont pas dépassé la quotité disponible; il est possesseur de bonne foi, et comme tel il ne doit compte des fruits que du jour de la demande en restitution. Il en est autrement du donataire qui doit le rapport en sa qualité d'héritier (art. 856). Les fruits et intérêts de la chose donnée courent du jour de l'ouverture de la succession, et cette règle n'a rien que de juste, car l'héritier qui a reçu une donation sans clause de préciput, sait que rien ne peut le dispenser du rapport; à partir de l'ouverture de la succession, il possède donc la chose comme un possesseur de mauvaise foi et doit compte de tous les fruits qu'il perçoit. Les termes de l'art. 928, quoiqu'ils ne mentionnent que les fruits, nous semblent devoir être étendus aux intérêts des sommes réductibles; les intérêts ne sont-ils pas des fruits civils?

Une autre application du principe que la réduction opère la résolution de la donation se trouve dans l'art. 929, qui est ainsi conçu : « Les immeubles à recouvrer par l'effet de la réduction le seront sans charge de dettes ou hypothèques créées par le donataire. » Si le donataire pouvait, en le grevant d'hypothèques, diminuer la valeur de l'immeuble soumis à réduction, l'action des réservataires serait, dans un grand nombre de cas rendue illusoire. Par les mots *dettes* et *hypothèques* on entend les droits d'usufruit, de servitude ou autres droits réels que le donataire aurait pu consentir ; le droit du donataire est considéré comme n'ayant jamais existé, il est donc juste que tous les droits qu'il a constitués soient anéantis en même temps.

Nous avons vu jusqu'à présent comment s'effectue la réduction quand les biens sont restés entre les mains des donataires, et nous avons toujours appliqué le principe de la réduction en nature et la maxime « *Soluto jure dantis, solvitur jus accipientis.* »

Quand les biens donnés ou sujets à réduction ont été aliénés par le donataire, comment devrons-nous procéder pour faire rentrer dans la succession du disposant l'objet de la donation ? Cette hypothèse est prévue par l'art. 930, qui est ainsi conçu : « L'action en réduction ou revendication pourra être exercée « par les héritiers contre les tiers détenteurs des immeubles fai- « sant partie des donations et aliénés par les donataires, de la « même manière et dans le même ordre que contre les donataires « eux-mêmes, et discussion préalablement faite de leurs biens. « Cette action devra être exercée suivant l'ordre des dates des « aliénations, en commençant par la plus récente. » On voit que le législateur, dans le cas d'aliénation complète du bien donné, a cru devoir apporter un tempérament à la rigueur des principes du pur droit ; les réservataires ne sont admis à poursuivre les tiers acquéreurs qu'après avoir fait préalablement discussion des biens des donataires ; si ces biens suffisent à les remplir de leur réserve, les aliénations restent inattaquables ; dans ce cas, les héritiers n'auront pas leur réserve en nature ; mais la loi leur impose ce sacrifice dans l'intérêt de la stabilité de la propriété.

L'art. 930 n'accorde l'action en réduction que contre les tiers détenteurs d'immeubles. Quand les biens donnés et aliénés sont mobiliers, ceux qui les ont reçus peuvent repousser l'héritier toutes les fois qu'ils se trouvent dans le cas de l'art. 2279.

Mais que décider si les tiers possesseurs de ces meubles ne sont pas de bonne foi ou si les objets donnés sont des meubles incorporels auxquels ne s'applique pas la règle qu'en fait de meubles possession vaut titre? Il nous semble que, même dans ce cas, l'héritier à réserve ne saurait être admis à exercer son action en revendication contre les tiers détenteurs; les termes de l'art. 930 sont explicites et ne font que consacrer la doctrine suivie dans notre ancien droit; dans bien des cas l'aliénation des meubles incorporels sera utile et même nécessaire, et soumettre les acquéreurs à l'action des réservataires rendrait l'aliénation difficile.

L'action en revendication est accordée aux réservataires contre les tiers détenteurs, quel que soit le titre auquel ils aient acquis les immeubles qui faisaient l'objet de la donation ; la loi ne distingue pas entre les acquéreurs à titre onéreux et les acquéreurs à titre gratuit.

La discussion préalable des biens du donataire est une condition *sine qua non* que la loi met à l'exercice de l'action en revendication contre les tiers détenteurs; cette discussion aura pour objet les biens meubles et immeubles du donataire ; elle pourra porter sur les immeubles situés hors de l'arrondissement de la Cour impériale. Les termes dont s'est servi le législateur sont généraux, et nous ne pourrions appliquer ici les restrictions imposées au bénéfice de discussion de la caution (art. 2023). Les tiers détenteurs pourraient arrêter l'action dirigée contre eux en offrant à l'héritier la valeur des biens revendiqués en argent; en effet, il est évident que le donataire, pour éviter la discussion, pourrait offrir la réserve en argent, pourquoi les acquéreurs, ses ayants cause, n'exerceraient-ils pas ce droit à sa place (art. 1166)? Dans le cas où les biens donnés sont entre les mains de tiers acquéreurs, le droit des héritiers à une réserve composée de biens héréditaires est converti en un droit à une réserve en argent, puisque la loi ne leur permet d'agir contre les tiers détenteurs qu'après discussion des biens du donataire ; du moment donc que la valeur pécuniaire de la réserve leur est offerte, leur action en revendication contre les tiers détenteurs ne s'ouvre pas (1).

L'art. 930 nous dit que l'action en revendication ou en réduction s'exerce contre les tiers détenteurs de la même manière que contre les donataires, c'est-à-dire que les poursuites contre les détenteurs de ces biens pourront être commencées seulement après l'épuisement des biens trouvés dans la succession et des dispositions testamentaires, et que l'immeuble rentrera dans le patrimoine du défunt, franc de toute charge de dettes ou hypothèques dont aurait pu le grever le tiers détenteur.

L'art. 928, relatif aux fruits, est-il applicable au tiers acquéreur ? Nous le pensons, quoique la doctrine contraire soit généralement admise ; le tiers détenteur, à l'exception du droit d'offrir la valeur de la réserve en argent, est assimilé au donataire ; la loi veut que la revendication s'exerce contre lui de la même manière ; il doit donc être considéré, non comme un possesseur de bonne foi, mais comme un propriétaire dont le droit est résolu ; et il devra, comme le donataire, les fruits dès le jour du décès, si la demande a été formée dans l'année (2).

L'action en réduction doit être exercée contre les tiers détenteurs dans le même ordre que contre les donataires. Ainsi,

(1) Duranton, t. VIII, n° 373 ; Vazeille, art. 930, n° 3 ; Coin-Delisle, art. 930, n° 12 ; Saintespès-Lescot, t. II, n° 566 ; Zachariæ, Aubry et Rau, t. V, p. 582 et suiv.; Marcadé, art. 930, n° 1 ; Vernet, p. 500 ; Demolombe, t. II, n° 936.

(2) Delvincourt, t. II, p. 66, note 5 ; Zachariæ, Aubry et Rau, t. V, p. 584 ; Vernet, p. 505.

lorsqu'il y a eu plusieurs donations successives, l'héritier ne pourra pas agir contre l'acquéreur du premier donataire avant d'avoir exercé son action contre l'acquéreur du second donataire, sans distinguer si l'aliénation consentie par le second donataire est antérieure ou postérienre à celle consentie par le premier donataire ; en procédant autrement, on violerait la règle que la réduction doit se faire en commençant par la dernière donation, et ainsi de suite en remontant des dernières aux plus anciennes.

Le dernier alinéa de l'art, 930 prévoit le cas où le donataire aurait fait plusieurs aliénations successives. Dans cette hypothèse, la loi décide que l'action s'exercera d'après l'ordre des dates et des aliénations, en commençant par la plus récente et en remontant ensuite aux plus anciennes ; quand les aliénations émanent d'un seul et même donataire, ce sera donc l'ordre de leurs dates qui sera suivi ; quand, au contraire, les aliénations ont été consenties par plusieurs donataires différents, ce sera l'ordre des donations qu'il faudra suivre.

Les mêmes règles seraient applicables aux sous-acquéreurs qui se trouvent détenteurs des biens donnés ; quand il y a plusieurs sous-acquéreurs, on examinera de qui ils tiennent leurs droits ; s'ils sont ayants cause d'un même acquéreur direct, on suit l'ordre des dates des sous-acquisitions ; s'ils sont ayants cause de différents acquéreurs directs, l'ayant cause de l'acquéreur direct le plus récent sera attaqué le premier, quelle que soit la date de la sous-acquisition. Si l'acquéreur direct a gardé une partie de l'immeuble donné, ce sera toujours à lui en premier que devra s'adresser l'héritier réservataire ; il ne pourra poursuivre le sous-acquéreur que si cette partie ne suffit pas pour le remplir de sa réserve.

Le sous-acquéreur aura certainement le droit de faire discuter les biens personnels du donataire ; mais il ne pourra exercer ce droit à l'égard de l'acquéreur direct, qui n'a plus en sa possession aucune partie de l'immeuble donné; en effet, aussitôt que cet acquéreur a cessé d'être tiers détenteur, aucune action ne peut être intentée contre lui.

POSITIONS.

DROIT ROMAIN.

I. Celui qui n'est appelé à la succession *ab intestat* que par le droit prétorien ne peut intenter la *querela* qu'après avoir demandé au préteur la *bonorum possessio*.

II. A partir de Dioclétien et Maximien, l'enfant adoptif d'une femme pouvait attaquer par la *querela* le testament dans lequel sa mère adoptive l'avait omis.

III. Si celui auquel appartient la *querela* ne peut ou ne veut l'intenter, ou y succombe, le droit de l'intenter passe à ceux qui le suivent dans l'ordre des successions *ab intestat*. Justinien, dans sa constitution qui forme la loi 34 *de inoff. test.*, au Code, n'a en vue que la plainte d'inofficiosité personnelle au fils, et non celle qui est personnelle au petit-fils.

IV. La donation entre vifs qu'avait reçue l'héritier du sang était imputable sur la légitime, lorsqu'elle avait été faite *hac contemplatione ut in quartam habeatur*.

V. Pour décider si l'action d'inofficiosité appartient à un légitimaire, il faut compter tous ceux qui seraient venus avec lui à la succession *ab intestat*.

VI. Le légitimaire victorieux qui a fait tomber le testament par la *querela* profite, par droit d'accroissement, de la part de ceux de ses cohéritiers qui ont perdu leur action d'inofficiosité ou qui y ont renoncé.

VII. L'inobservation des conditions de la Novelle 115 n'entraîne pas la nullité du testament.

VIII. Sous Justinien comme antérieurement, l'omission d'un héritier sien fait tomber le testament tout entier ; la Novelle 115, chapitre III, ne s'applique pas à cette hypothèse.

DROIT FRANÇAIS.

I. Pour pouvoir réclamer la réserve, la qualité d'héritier acceptant est indispensable.

II. L'enfant donataire qui renonce doit être traité comme un étranger à la succession ; il n'aura aucun droit de réserve et ne pourra retenir les biens donnés que dans les limites de la quotité disponible.

III. L'héritier renonçant ne doit jamais être compté pour déterminer le montant de la réserve et de la quotité disponible.

IV. Lorsqu'une personne meurt laissant des ascendants au deuxième degré, des frères et sœurs ou descendants d'eux et un légataire universel, les ascendants ont droit à une réserve, indépendamment de toute renonciation de la part des frères et sœurs.

V. L'enfant naturel a une réserve dans la succession de ses père et mère.

VI. Pour déterminer la réserve de l'enfant naturel, il faut le considérer fictivement comme légitime ; sa réserve doit nuire, sauf la quotité, à tous ceux et à ceux seulement auxquels sa présence aurait nui s'il avait été légitime.

VII. Les père et mère naturels n'ont point de réserve dans la succession de leur enfant.

VIII. On doit réunir à la masse, pour le calcul de la réserve et de la quotité disponible, les biens qui ont été compris dans un partage d'ascendant fait par acte entre vifs.

IX. Lorsqu'il existe plusieurs héritiers à réserve, et qu'un seul ou plusieurs d'entre eux ont reçu du défunt des donations en avancement d'hoirie, l'imputation de ces donations doit se faire sur la réserve de tous les héritiers en masse.

X. Dans le cas prévu par l'article 918, le consentement donné par ceux qui étaient successibles au moment de l'aliénation n'est pas opposable à ceux qui ne sont devenus successibles que postérieurement à la convention.

XI. Les institutions contractuelles et les donations faites entre époux pendant le mariage, et ayant pour objet des biens présents, ne sont réductibles, comme les donations entre vifs, que dans l'ordre de leurs dates respectives. Les donations entre époux ayant pour objet des biens à venir seront réductibles avant toutes autres donations, mais après les legs.

DROIT ADMINISTRATIF.

I. La qualité de tribunaux ordinaires et de droit commun, en matière contentieuse administrative, appartient aux ministres, chacun selon ses attributions.

II. Dans le cas d'élargissement d'une rue, l'expropriation a lieu par voie d'alignement d'après la loi du 16 septembre 1807 ; mais l'indemnité sera réglée par le jury d'expropriation, conformément à la loi du 3 mai 1841. Quand il s'agit d'ouverture d'une rue nouvelle, on devra suivre les formes de la loi du 3 mai 1841, tant pour l'expropriation que pour le règlement de l'indemnité.

HISTOIRE DU DROIT.

I. La légitime des pays de coutume avait été empruntée au droit romain ; elle n'était pas d'origine coutumière.

DROIT CRIMINEL.

I. L'aggravation de la peine contre l'auteur principal, par suite d'une circonstance à lui personnelle, ne doit pas être appliquée au complice.

II. Dans le cas où le ravisseur a épousé la fille enlevée, les mêmes personnes à la plainte desquelles l'exercice de l'action pénale est subordonnée pourraient également l'arrêter après qu'elle a été intentée.

Vu par le Président de la Thèse,

F. RATAUD.

Vu par le Doyen de la Faculté,

C. A. PELLAT.

Vu et permis d'imprimer,

Le Vice-Recteur de l'Académie de Paris.

A. MOURIER.

1055 — Impr. Jouaust, rue Saint-Honoré, 338.

*9 7 8 2 0 1 4 5 1 5 5 2 7 *